四特 教育系列丛书 SITEJIAOYUXILIECONGSHU

U0640339

语言项目活动
组织策划

《"四特"教育系列丛书》编委会　编著

吉林出版集团股份有限公司
全国百佳图书出版单位

图书在版编目（CIP）数据

语言项目活动组织策划／《"四特"教育系列丛书》编委会编著 . —长春：吉林出版集团股份有限公司，2012.4
（"四特"教育系列丛书／庄文中等主编 . 学校文化建设与文娱活动策划组织）
ISBN 978-7-5463-8608-9

I . ①语… II . ①四… III . ①语言艺术－青年读物②语言艺术－少年读物 IV . ① H019-49

中国版本图书馆 CIP 数据核字（2012）第 042011 号

语言项目活动组织策划
YUYAN XIANGMU HUODONG ZUZHI CEHUA

出 版 人	吴　强	
责任编辑	朱子玉　杨　帆	
开　　本	690mm×960mm　1/16	
字　　数	250 千字	
印　　张	13	
版　　次	2012 年 4 月第 1 版	
印　　次	2023 年 2 月第 3 次印刷	

出　　版	吉林出版集团股份有限公司
发　　行	吉林音像出版社有限责任公司
地　　址	长春市南关区福祉大路 5788 号
电　　话	0431-81629667
印　　刷	三河市燕春印务有限公司

ISBN 978-7-5463-8608-9　　　　定价：39.80 元

版权所有　侵权必究

前　言

　　学校教育是个人一生中所受教育最重要组成部分,个人在学校里接受计划性的指导,系统地学习文化知识、社会规范、道德准则和价值观念。学校教育从某种意义上讲,决定着个人社会化的水平和性质,是个体社会化的重要基地。知识经济时代要求社会尊师重教,学校教育越来越受重视,在社会中起到举足轻重的作用。

　　"四特教育系列丛书"以"特定对象、特别对待、特殊方法、特例分析"为宗旨,立足学校教育与管理,理论结合实践,集多位教育界专家、学者以及一线校长、老师们的教育成果与经验于一体,围绕困扰学校、领导、教师、学生的教育难题,集思广益,多方借鉴,力求全面彻底解决。

　　本辑为"四特教育系列丛书"之《学校文化建设与文娱活动策划组织》。

　　校园文化是学校本身形成和发展的物质文化和精神文化的总和。由于学校是教育人、培养人的社区,因而校园文化一般取其精神文化之含义。即学校共同成员在学校发展过程中,逐步形成的包括学校最高目标、价值观、校风、传统习惯、行为规范和规章制度在内的精神总和。

　　良好的校园文化环境是学生积极参与和悉心建设的结晶,也是实现素质教育、造就优秀人才的一个不可或缺的重要条件。因此,加强学校文化阵地的建设与组织活动策划是一项非常系统性的工程。学校文化阵地建设是学校文化的重要窗口,学校文化组织的策划则是学校实施素质教育和精神文明建设的重要组成部分,这两样都是学生成长成才的内在需要,更是推进学校教育工作的重要载体。

　　文化娱乐活动是文化体育娱乐活动的简称,其娱乐性、趣味性、知识性和多元化结合的特点是广大读者学习之外追求的一种健康生活情趣。

　　学校的文化娱乐活动项目包括音乐、美术、舞蹈、文学、语言、曲艺、戏剧、表演、游艺等多方面内容,广大青少年同学在课余时间通过参加多种形式的文化娱乐活动,能够达到开阔视野、陶冶情操、增长才智、提高能力、沟通人际、适应社会以及改善知识结构,掌握实用技能等效果。在这些文化娱乐活动中,他们通过接受不同形式、不同内容的有益教育,能够受到潜移默化的作用,从而达到提高思想、文化和身体的综合素质,这对造就和培养有理想、有道德、有纪律、有文化、适应时代腾飞的新一代人才有着十分重要的作用。

　　为了适应青少年发展的需要,营造良好的校园文化环境,为校园文化娱乐活动的组织策划提供良好的指导,我们特地编辑了这套书从学校的实际情况出发,以育人为根本目标,坚持先进文化的方向,从音乐、绘画、表演、游艺等方面重点对学生的基础知识和操作能力进行训练,努力使他们在娱乐中学到知识,在欢笑中陶冶情趣,并通过系统的训练和比赛,使他们的智力得到开发、知识结构得到改善,最终达到新课标要求的培养高素质的合格人才的目标。

　　本辑共20分册,具体内容如下:

　　1.《学校文化建设与管理创新》

　　校园文化重在建设,它包括物质文化建设、精神文化建设和制度文化建设,这三个方面建设的全面、协调的发展,将为学校树立起完整的文化形象。加强学校文化阵地的建设与组织活动策划是一项非常系统性的工程。本书对学校文化建设的组织管理与创新策划进行了系统而深入的阐述,体例科学,内容全面,具有很强的系统性、实用性、实践性和指导性。

2.《把图书馆打造成传播知识的圣地》

加强学校图书馆建设,对激发学生学习的积极性以及提高学生的整体素质有着重要的作用与意义。本书对学校图书馆的建设与管理进行了系统而深入的阐述,体例科学,内容全面,具有很强的系统性、实用性、实践性和指导性。

3.《环境与安全文化建设》

校园安全文化是校园文化的重要组成部分,学校安全文化建设水平的高低已成为学校核心竞争力的基本内容之一。所谓校园安全文化是指将学校安全理念和安全价值观表现在决策和管理者的态度及行为中,落实在学校的管理制度中,将安全管理融入学校整个管理的实践中,将安全法规、制度落实在决策者、管理者和师生的行为方式中,将安全标准落实在教育教学过程中,由此构成一个良好的安全建设氛围,通过安全文化建设,影响学校各级管理人员和师生的安全自觉性,以文化的力量保障学校财产安全和师生人身安全。学校安全文化有四个层次。即:安全观念文化、安全行为文化、安全制度文化和安全物质文化。它们相互作用,相互促进。

4.《把学校建设成传播文化的阵地》

作为中国特色社会主义文化阵地重要组成部分的学校,在中华文化面临挑战和发展的机遇之际,应该承担时代赋予的使命,通过教育创新,传承文明,创造先进文化,培养和谐发展的高素质创新人才来促进社会的发展,实现中华民族的伟大复兴。本书对学校文化阵地的建设与管理进行了系统而深入的阐述,体例科学,内容全面,具有很强的系统性、实用性、实践性和指导性。

5.《知识类活动组织策划》

文化知识类活动课是一门全新的课程,就其根本意义来说是为了提高学生的素质,而要做到这一点,必须对文化知识类活动课加强有效的科学的管理。尽管各科活动课教学目标是有弹性、较为宽泛的,但总的教育目标应十分明确,那就是有利于学生主体精神的体现;有利于对学生的分析问题和解决问题的能力培养;有利于活动成功学生的自我认识;有利于学生个性的发展,管理工作不能偏离这一目标。本书对学校知识类活动的组织策划进行了系统而深入的阐述,体例科学,内容全面,具有很强的系统性、实用性、实践性和指导性。

6.《科普活动组织策划》

科技教育是拓展学生知识面的重要平台,是培养学生自主创新的首要手段,在学生成长过程中已显现出越来越大的不可替代的作用,而学校重视科技教育,则可以让学校的重视学生全面发展的教师和学生在校园里都能有自己的发展空间。如果能够切实的从以上各个环节落实科学实践活动的开展,就可以在全校掀起一股学科学、做科学、用科学的热潮,使学生科学素养得到普遍提高,在落实了普及科学的目标的同时也提升了学校科学教育的质量。本书对学校科普活动的组织策划进行了系统而深入的阐述,体例科学,内容全面,具有很强的系统性、实用性、实践性和指导性。

7.《收藏活动组织策划》

中国文化艺术几千年源远流长的历史,也凝聚着文艺收藏的风云沧桑。社会文明的整体进步,在促进文艺创作繁荣的同时,也推动文艺收藏的蓬勃发展。收藏可以陶冶情操、修身养性,它要求收藏者具备理性的经济头脑的同时,还要有很好的艺术的修养。收藏者在收藏的过程中,潜移默化地将自己培养成理性和感性结合得相当和谐的现代人。本书对学校收藏活动的组织策划进行了系统而深入的阐述,体例科学,内容全面,具有很强的系统性、实用性、实践性和指导性。

8.《联欢庆祝活动组织策划》

联欢活动是指单位内部或单位之间组织的联谊性质的文娱活动。通常是为了共同庆贺某一重大事件,或者在某一节日、某一重大活动完毕之后举行。联欢活动一般以聚会的形式进行,所以又称联欢晚会。本书对学校联欢活动的组织策划进行了系统而深入的阐述,体例科学,内容全面,具有很强的系统性、实用性、实践性和指导性。

9.《行为文化活动组织策划》

行为文化是指人们在生活、工作之中所贡献的、有价值的,促进文明、文化以及人类社会发展的经验及创造性活动。本书对学校行为文化活动的组织策划进行了系统而深入的阐述,体例科学,内容全面,具有很强的系统性、实用性、实践性和指导性。

10.《文娱演出活动组织策划》

演出是指演出单位或个人在特定的时间特定的环境下所举办的文艺表演活动。由于演出经过长期的发展与各地的差异,目前主要包括电影展演、音乐剧、实景演出、演唱会、音乐会、话剧、歌舞剧、戏曲、综艺、魔术、马戏、舞蹈、民间戏剧、民俗文化等种类。本书对学校娱乐体育活动的组织策划进行了系统而深入的阐述,体例科学,内容全面,具有很强的系统性、实用性、实践性和指导性。

11.《音乐项目活动组织策划》

音乐是一种抒发感情、寄托感情的艺术,它以生动活泼的感性形式,表现高尚的审美理想,审美观念和审美情趣。音乐在给人以美的享受的同时,能提高人的审美能力,净化人们的灵魂,陶冶情操,提高审美情趣,树立崇高的理想。本书对学校音乐项目活动的组织策划进行了系统而深入的阐述,体例科学,内容全面,具有很强的系统性、实用性、实践性和指导性。

12.《美术项目活动组织策划》

美术作为美育的主要手段的途径,它的主要任务不仅仅是传授美术知识,也不仅仅是美术技能的训练,而是通过学生内心达到审美状态,良好心理得到培养和发展,不良心理受到疗治和矫正,使各种心理功能趋于和谐,各种潜能协调发展,最后达到提高人的生存价值,体验与实现美好人生的目的。本书对学校美术项目活动的组织策划进行了系统而深入的阐述,体例科学,内容全面,具有很强的系统性、实用性、实践性和指导性。

13.《舞蹈项目活动组织策划》

舞蹈能够促进少年儿童的生长发育,改善少年儿童的形体,带来艺术气质和形体美,有利于提高少年儿童的生理机能,提高少年儿童的身体素质,促进少年儿童的心理健康发展,还能够培养少年儿童的人格魅力。本书对学校舞蹈项目活动的组织策划进行了系统而深入的阐述,体例科学,内容全面,具有很强的系统性、实用性、实践性和指导性。

14.《器乐项目活动组织策划》

贝多芬曾说:"音乐能使人类的精神爆发出火花。音乐比一切智慧、哲学有更高的启示。"作为素质教育的民乐教学,更突出将学生的全面发展放在首要的地位,使之形成具有显著办校特色的办学指导思想,为学校的全面发展做出了贡献,取得了满意的效果。本书对学校器乐项目活动的组织策划进行了系统而深入的阐述,体例科学,内容全面,具有很强的系统性、实用性、实践性和指导性。

15.《语言项目活动组织策划》

加强学校文化阵地的建设与组织活动策划是一项非常系统性的工程。学校文化阵地建设是学校文化的重要窗口,学校文化组织的策划则是学校实施素质教育和精神文明建设的重要组成部分。本书对学校语言项目活动的组织策划进行了系统而深入的阐述,体例科学,内容全面,具有很强的系统性、实用性、实践性和指导性。

16.《曲艺项目活动组织策划》

曲艺是中华民族各种"说唱艺术"的统称,它是由民间口头文学和歌唱艺术经过长期发展演变形成的一种独特的艺术形式。曲艺演员必须具备坚实的说功、唱功、做功和高超的摹仿力,演员只有具备了这些技巧,才能将人物形象刻划得维妙维肖,使事件的叙述引人入胜,从而博得听众的欣赏。本书对学校曲艺项目活动的组织策划进行了系统而深入的阐述,体例科学,内容全面,具有很强的系统性、实用性、实践性和指导性。

17.《戏剧项目活动组织策划》

戏剧的表演形式多种多样,常见的包括话剧、歌剧、舞剧、音乐剧、木偶戏等,是由演员扮演角色在舞台上当众表演故事情节的一种综合艺术。戏剧情节、歌唱和舞蹈这三者的复杂结合,使中国戏曲具有独特的风格和一系列艺术上的特点。本书对学校戏剧项目活动的组织策划进行了系统而深入的阐述,体例科学,内容全面,具有很强的系统性、实用性、实践性和指导性。

18.《表演项目活动组织策划》

表演指演奏乐曲、上演剧本、朗诵诗词等直接或者借助技术设备以声音、表情、动作公开再现作品。加强学校文化阵地的建设与组织活动策划是一项非常系统性的工程。本书对学校表演项目活动的组织策划进行了系统而深入的阐述,体例科学,内容全面,具有很强的系统性、实用性、实践性和指导性。

19.《棋牌项目活动组织策划》

棋牌是对棋类和牌类娱乐项目的总称,包括中国象棋、围棋、国际象棋、蒙古象棋、五子棋、跳棋、国际跳棋(已列入首届世界智力运动会项目)、军棋、桥牌、扑克、麻将等等诸多传统或新兴娱乐项目。棋牌是十分有趣味的娱乐活动,但不可过度沉迷于其中。本书对学校棋牌项目活动的组织策划进行了系统而深入的阐述,体例科学,内容全面,具有很强的系统性、实用性、实践性和指导性。

20.《游艺项目活动组织策划》

游艺是一种闲暇适意的生活调剂。其中既有节令性游乐活动,也有充满竞技色彩的对抗性活动,更多的则是不受时间、地点、条件制约的随意方便的自娱自乐活动。其中有的继承性极强,规则较严格;有的则是无拘无束的即兴自娱;有的干脆是一种与生产紧密结合的小型采集和捕捉活动。这些丰富多彩的民间游艺活动使得广大劳动人民特别是青少年无论在精神生活、智力开发还是身体素质诸方面得到有益的充实和锻炼,也成为最普及的农村文化活动形式。本书对学校游艺项目活动的组织策划进行了系统而深入的阐述,体例科学,内容全面,具有很强的系统性、实用性、实践性和指导性。

由于时间、经验的关系,本书在编写等方面,必定存在不足和错误之处,衷心希望各界读者、一线教师及教育界人士批评指正。

编者

目　录

第一章

语言基本知识

第一节 语言概述

1. 语言的概念

语言是人类最重要的交际工具。人们借助语言保存和传递人类文明的成果。语言是民族的重要特征之一。一般来说，各个民族都有自己的语言。汉语，英语，法语，俄语，西班牙语，阿拉伯语，是世界上的主要语言，也是联合国的工作语言。汉语是世界上使用人口最多的语言，英语是世界上使用最广泛的语言。

2. 语言的产生

语言产生的要素

（1）语言的产生是指人们通过语言器官或肢体的活动把所要表达的思想说出或写出来，它包括说话和书写两种形式。语言产生的单位主要有：音素、音节、语素、词、短语、句子。

（2）语言产生可以分为不同的阶段。如，构造阶段：根据目的确定要表达的思想；转化阶段：运用句法规则将思想转换成语言的形式；

执行阶段：将语言形式的信息说出或写出。

（3）语言为什么采用声音作为手段

声音不受白天黑夜的限制，优于视觉；语言传播的有效距离大于手势；手语，手势的速度赶不上声音；语言采用声音作为手段，可以一边说话，一边劳动；所以，声音作为语言的传播手段是人类进化的必然。

3. 语言是一种社会现象

社会现象是和人类的生活有着密切联系的现象，语言就是社会现象。

语言不仅是社会现象，而且是一种特殊的社会现象。社会现象可分为经济基础和上层建筑两大类：经济基础就是人们在生产中形成的与一定的生产力发展水平相适应的生产关系的总和；上层建筑就是在经济基础上产生的并与之相适应的政治、法律、艺术、哲学、宗教等的总和。语言作为社会现象的特殊性主要表现在：任何一种社会现象，要么属于经济基础，要么属于上层建筑，而语言既不属于经济基础，也不属于上层建筑，这两者的变化都不会从本质上影响语言。很多社会现象都是具有阶级性的，比如属于上层建筑的法律、政治制度等，是为一定的统治阶级服务的，具有十分明显的阶级色彩，而语言则不属于那一个特定的阶级或阶层，而是属于社会全体成员。所以语言是一种特殊的社会现象，作为交际工具，一视同仁地为社会全体成员服务。因此，从本质上看，语言是人类共同的交际工具，不分阶级、阶层，一视同仁地为全社会的成员服务，没有阶级性，具有全民性特点。

语言没有阶级性。第一，语言是人类最重要的交际工具，一视同仁为大众服务，没有阶级性之分；第二，语言的结构要素是没有阶级性可言的。

（1）语言是社会现象，和人类社会有着十分紧密的联系，语言随社会的产生而产生，随社会的发展而发展，随社会的分化统一而分化统一，可见，语言绝不是自然现象。

（2）从语言的音义关系可以看出语言不是自然现象，而是由一定的社会集团约定俗成的，如果语言是自然现象，是天生的，世界上的语言就应该是一样的，没有区别，而实际上世界上不但有各种各样的语言，还有众多的方言。

（3）社会的发展变化直接影响着语言的发展变化，社会的任何风吹草动，都可以在语言中反映出来，可见语言不是自然现象。

4．语言的社会功能

语言在我们生活中无处不在。语言是一种社会现象，是人类最重要的交际工具也是重要的思维工具。

说话是为了表达自己的思想，进行人与人之间的交际。而说话所用的语言是表达思想，进行交际的工具。语言是丰富多彩，变幻多端的。歌唱家用语言唱出优美动听的歌曲；艺术家用相声逗着我们开怀大笑；老师用语言谆谆教导孩子；情侣们用说着甜言蜜语诉说彼此的感情；老爷爷老奶奶用语言回忆着往日的岁月。语言拉近我们的距离，加深我们的感情，增长知识，使生活更加充实、精彩。总之，语言与我们息息相关，无处不在，促进社会的向前发展。

语言是思维的工具而思维的时候需要用语言。语言和思维是两种独立的现象，但形影相随，不可分离。我们说话的同时思维也在进行着，要不然我们说出的话是语无伦次，吞吞吐吐。周恩来之所以成为我国出色伟大并受到举世公认的外交家，因为他思维与语言达到一定的层次，当然也与他的知识渊博，聪明才智离不开。另外，语言也使我们不断的认识世界，改造世界。从我们出生的那一刻开始语言就伴随着我们成长：当妈妈开始教着我说叫，"妈……妈"的时候就让我懂得了一直疼我的这个女人就是我的妈妈；当爸爸买回了一只可爱的小动物的时候，他指着它对我说，"小狗"，让我知道这可爱的东西就是人们所说的"小狗"，渐渐地我就喜欢上它并成为我的好朋友。在学说话的过程中，我知道了中秋节吃的是月饼，铁轨上奔驰的是火车，埃及的奇迹是金字塔……我不断地了解生活，认识世界。我懂得了生活虽然有时很无奈，但更多的是精彩。

语言是我们的交际工具，我们应该好好学好语言，善于运用语言。

5. 语言的特性和结构

语言的特性

语言的特性有：创造性、结构性、意义性、指代性、社会性与个体性。

语言的结构

语言的结构：音位、语素、词、句子。

语言的种类

语言的种类：对话语言、独白语言、书面语言、内部语言。

就大脑来说，语言分"脑语"和"嘴语"。脑语就是我们时时在大脑里产生称作"思考"、"思想"或"思维"的东西，脑语被嘴表达出来就叫"嘴语"。脑语和嘴语并不是一个东西，第一、脑语和嘴语在表达时失真；第二、嘴语不是脑语的唯一表达方式，因为脑语还可以通过肌肉群来表达：就是我们的行为。语言是一个人能力的重要表述部分。

6. 语言的技术

语言技术就是说话的技巧。说话要尺度，办事要分寸中国人自古就讲究说话尺度和办事分寸。古人说："遇沉沉不语之士，且莫输心；见悻悻自好之人，应须防口。"，"世事洞明皆学问，人情练达即文章。"可见，不管是与人说话、与人交往、与人办事，都蕴含着分寸的玄机。

说话办事是要讲究尺度、分寸的。这种"尺度、分寸"主要表现在哪些方面呢？

（1）是说话不到位不行，办事不卖力不行。说话不到位，说不到点子上，别人可能悟不明白，理解不透，琢磨不出你的真实用意，你提出的想法或要求也不会被人重视和接受，非但事情办不成，还常常不被人瞧得起。这样怎么能换取别人的欣赏与亲善呢？怎么能赢得别人的友谊和器重呢？同样的道理，为别人办事不卖力不行。"有来无往非理也"。别人求你办事，你不卖力，你遇到困难的时候，怎么能指望别人的热情相助呢？

（2）是说话说得太过头不行，办事太勉强不行。好说大话，言辞太尖刻。让人听了不愉快，觉得你不识大体、不懂规矩、不知好歹，这样的人常常被人敬而远之，也同样无法与人正常交往。办事太勉强，有能力没能力的差事都敢接，办得到办不到的事都想揽，结果交不了差，只能给自己增添不必要的麻烦，给自己造成你能力低下或不讲诚信的印象。

说话有尺度、交往讲分寸、办事讲策略，行为有节制，别人就很容易接纳你、喜欢你、帮助你，举止失体，不识深浅，不知厚薄，就会人人讨厌，时时难过，事事难为，处处碰壁。

说话的尺度和办事的分寸类似于一匹宝马，驾驭好了可以日行千里，帮你冲锋陷阵；驾驭不好，就可能让你摔跟头，甚至踢伤别人。

第二节 语言的发展

1. 语言发展的特点

渐变性和不平衡性是语言发展的两个最重要的特点。关于这两个特点，要从语言的社会功能、语言与社会的密切联系角度来深入认识。

（1）语言发展的渐变性特点：渐变性是语言发展的一个重要特点，它指语言随着社会的发展变化而变化，但语言不像社会变革那样产生突变，而是逐渐发展变化，具有相对稳定性。

语言的发展变化之所以具有渐变性特点，这是由语言的社会功能所决定的，语言作为人类最重要的交际工具，社会成员相互联系的纽带和桥梁，是人们日常生活根本离不开的，人们无时无刻不使用语言，语言同社会的关系是如此密切，因此不可能发生巨变、突变，只能逐渐变化，即使社会发生了剧烈变化，语言也不会马上巨变，大有岿然不动之势。这样才能与人们的需要相适应，不至于影响人们的使用。

（2）语言发展的不平衡性特点主要表现在两个方面：第一，语言系统的各个组成部分的发展不平衡，发展速度不一样，有的快，有的慢，其中词汇变化最快，语音发展变化较慢，语法发展变化最慢；第二，语言在不同地域的发展速度和发展方向也不一样，同一种语言现象，在有的地区变化，在有的地区不发生变化，有的地区是这样变化，有的地区是那样变化，其结果是形成地域方言。

语言发展不平衡性特点产生的原因是：第一，语言系统各个组成部分中，词汇变化最快，因为词汇与社会的联系最为紧密，最直接，对社会的发展变化反应也最灵敏，社会的变化，现实现象的产生与消失，随时都能在词汇中反应出来；第二，由于各地的社会政治、经济文化等方面的发展水平不一致，往往就导致语言在不同地域的发展变化具有不同的特点，因而具有不平衡性的特点。

2．语言发展的因素

促进语言发展的因素有两个：一是社会发展变化，这是促进语言发展的基本条件；二是语言的各个要素的相互影响促进了语言的发展，语言是一个系统，作为系统中的各个构成要素是互相联系，互相影响的。

社会发展是语言发展变化的首要原因，是促进语言发展的主要因素。首先，语言是一种社会现象，其发展变化必然要受到社会发展变化的影响。其次，语言作为人类最重要的交际工具，社会成员之间相互联系的纽带，和思维的工具，必须适应因社会的发展而产生的新的交际需要，与社会的发展保持一致，因此必然要发生变化。语言随社会的分化而分化，随社会的统一而统一，社会的任何变化都会在语言中反映出来。

3. 语言符号的任意性

语言符号的任意性是通过语言的音和义之间的关系而言的，语言符号的音义联系是任意性的，非本质的，没有逻辑关系的，完全是使用这种语言的社会成员约定俗成的结果。例如同样是"成本的著作"这样的意义，汉语普通话用语音 shu 表示，英语用［buk］表示，这说明语言的音义联系是任意性的，没有必然联系。

语言符号的任意性特点具体表现在以下几个方面：

（1）音义的结合是任意性的，即什么样的语音形式表达什么样的意义内容，什么样的意义内容用什么样的语音形式表现是任意的。由于语言具有社会属性，不是自然的，语音形式和意义内容之间没有必然的本质的联系，完全是偶然的，不可解释的。

（2）不同语言有不同的音义联系，如：人，刀、树、水、路、妻子，太阳，月亮……汉语的语音形式和英语的语音形式不相同。

（3）不同语言音义联系不对等，同样的语音形式，在不同的语言中可以代表不同的意义，而同样的意义，在不同的语言中可以用不同的语音形式表达。如 long，汉语表示"龙"等意义，英语表示"长"。

（4）同一语言的音义关系也有任意性，如汉语有众多的方言，同样的事物在各个方言也有不同的读音。汉语有七大方言，各个方言区根据语音特点还可以进一步划分次方言区。不同方言区之间，语言的音义联系也不是完全一致的。同一语言中不同方言的语音差别，也说明了音义联系是具有任意性的，不然，就不会存在什么方言差别了。

语言的由简到繁

社会生活的进化一般都是由简到繁的，语言也就随着越来越繁，这自然是文化发展带来的变化。女孩子长到十六岁，就是年方"二八"。男人长到三十岁，说是到"而立"之年，到六十岁就称"花甲"了。这都是因为念过书，书上是这样写的。形容美女写的是："沉鱼落雁之容，闭月羞花之貌"。方便说是："近水楼台（先得月）。"考试失败说是："名落孙山。"冒充的，说是："滥竽充数。"见惯了，说是："司空见惯。"自高自大称"妄自尊大"，"夜郎自大"。妇女生孩子，生出男孩说是"弄璋"，生出女孩说是"弄瓦"（古时原始的纺锤叫瓦），这样说法才显得有文化、文雅。一般老百姓说话也同样是越来越复杂。因为旧社会当兵的常欺压老百姓，老百姓对"兵"字，多无好感。

于是，人们就把兵字拆开，叫"丘八"。有时叫"丘八爷"，带有轻蔑、讥讽之意。骄傲自大说是："翘尾巴。"这些都是常听到的。

老百姓生活中还有很多概括性的成语，也是从生活中总结出来的十分简洁的说法，由浅入深、由简到繁。赶工作会说："起早贪黑"，"手忙脚乱。"琐碎小事说："鸡毛蒜皮。"安排工作时说：有人"挑肥拣瘦。"骂什么人且说："狗仗人势"。有些话不便直说，如可能有难料的危险，就说有个"三长两短。"看过戏，听过说书，看过小说的，也会借用其中的词语，如"后会有期"，"临阵磨枪"。回家说："打道回府"，"安步当车。"再说得深，说得俏皮，就是："有钱能使鬼推磨"，"杀鸡给猴看"，"你走你的阳关道，我走我的独木桥"，"是骡子是马拉出来遛遛"，"当一天和尚撞一天钟"，"哪家都有本难念的经。"再进一步地说就带有幽默了："打肿脸充胖子"，"尿泡尿也得看皇历。"耕地说是："修理地球"，舞台上的白面小生称："奶油小生。"别人提出自己不愿提的事，说："哪壶不开提哪壶。"说人糊涂是：

"被人卖了，还跟着去数钱"。某人的两个孩子的名字是"三千一郎"和"千五百惠"，听着很像日本人名。其实，那是因为父母违反了计划生育规定，多生了这一男一女，被罚款。一个罚了三千元，一个罚了一千五百，才取这两个名字的——当然，这想必是开玩笑时说的。

4. 语言的用途

语言是思维工具和交际工具。它同思维有密切的联系，是思维的载体和物质外壳和表现形式。语言是符号系统，是以语音为物质外壳，以语义为意义内容的，音义结合的词汇建筑材料和语法组织规律的体系。语言是一种社会现象，是人类最重要的交际工具，是进行思维和传递信息的工具，是人类保存认识成果的载体。语言具有稳固性和民族性。

语言是人类的创造，只有人类有真正的语言。许多动物也能够发出声音来表示自己的感情或者在群体中传递信息，但是这都只是一些固定的程序，不能随机变化。只有人类才会把无意义的语音按照各种方式组合起来，成为有意义的语素，再把为数众多的语素按照各种方式组合成话语，用无穷变化的形式来表示变化无穷的意义。

人类创造了语言之后又创造了文字。文字是语言的视觉形式。文字突破了口语所受空间和时间的限制，能够发挥更大的作用。

语言和文字是人类自己创造的，可是在语言文字的神奇作用面前，人们又把它当做神物崇拜起来。他们用语言来祝福，用语言来诅咒。他们选用吉利的字眼做自己的名字，做城市的名字，做器物和店铺的名字。他们甚至相信一个人的名字跟人身祸福相连，因而名字要避讳。

皇帝的名字、长官的名字、祖宗和长辈的名字不能叫，一般人也都在"名"之外取一个"号"，彼此不称名而称号。在后世，认为这是礼貌；在远古，这是人身保护。现代各地口语里也常常有些词语起源于避讳；不久以前，很多行业有各自的避讳字眼。从前有些人家，因为小孩儿不懂得避讳，在堂屋里贴一张纸条"童言无忌"，意思是意指孩子说话不必忌讳，即使说了不吉利的话也无妨碍。

5. 语言的消失

据联合国教科文组织最新发布的《濒危语言图谱》，全世界有7000种语言，其中一半以上将在本世纪消亡，80—90%将在未来200年灭绝。平均每2个星期就有一种语言消失。据统计，世界80%的人讲83种主要语言，剩下6000多种语言绝大多数从没有过文字记载，没有字典、书，在任何图书馆或数据库都找不到它们的资料。一切信息只储存在人们的记忆里，因此尤其脆弱。

中国的形势

中国虽不在语言濒危的热点地带，但中国129种语言中，一半以上活力很低，至少二三十种语言处于濒危状态，比如云南的阿奴语、东北的赫哲语、新疆的塔塔语、甘肃的裕固语、中部的土家语等。语言的生命力在于代际的传承，而不在于人数。中国的满族有1000万人，但能说满语的如今只剩下100多人。

造成的原因

语言的死亡通常有两种方式：

（1）说这种语言的人消失了；

（2）说这种语言的人放弃了自己的母语，转而使用另一种语言。

过去200年间，殖民主义是最大的破坏者，欧洲殖民者在澳大利亚消灭了150多种土著语言，在北美扫荡了300多种土著语言；现在则是全球化，经济和社会压力逼迫人们从村庄搬到城市，他们的母语时时处在强势语言的压制之下。以非洲为例，除了阿拉伯语（那是因为使用地域广阔，不易被消灭）和其他零星的当地语言之外，其余国家基本都以英语、法语、葡萄牙语等欧洲语言为官方语言，尽管非洲东部仍有许多国家有以当地语言为官方语言的，但大多也和欧洲语言同为官方语言。

第二章

语言的学习训练

第一节　朗诵的学习训练

1. 朗诵的概念

　　朗诵就是把文字作品转化为有声语言的创作活动。朗，即声音的清晰、响亮；诵，即背诵。朗诵，就是用清晰、响亮的声音，结合各种语言手段来完善地表达作品思想感情的一种语言艺术。朗诵是口语交际的一种重要形式。朗诵不仅可以提高阅读能力，增强艺术鉴赏，更为重要的是，通过朗诵，大者可以陶冶性情，开阔胸怀，文明言行，增强理解；小者，可以有效地培养对语言词汇细致入微的体味能力，以及确立口语表述最佳形式的自我鉴别能力。因此，要想成为口语表述与交际的高手，就不能漠视朗诵。

2. 朗诵的类型

范读法

　　范读法就是示范性的朗读，方式有两种。一种是教师读给儿童听，然后由儿童仿读。一种是由朗读得特别好的同学进行范读。范读可以读全文，也可以读一段或一句。主要是给学生示范，所以必须做到正确、清楚，流利而带有感情。

齐读法：是全班或全组儿童，同时齐声朗读。因为只求齐一声调，因此往往容易变成唱读。同时，因为齐读不容易发现儿童读音的错误，因此这种方式要尽量少用。

伴读法

伴读法就是教师或优等生伴着儿童读，儿童可隐隐约约听出自己的毛病而有所改进。

轮读法

轮读法就是每个儿童轮流读，这种读法有比赛的性质。低年级的课文短，可以一个小朋友读完全文后，再请另一个读。

接读法

接读法就是一篇课文分由几个儿童接着读的方式。教师可指名一个儿童读，读到中途没有到一段落，再指另一个儿童接着读下去。这种读法可随时唤起儿童的注意力，同时充满趣味性。

领导读

领导读是由教师或朗读得特别好的学生，带领朗读的方式。教师或优等生先读一句，或先读一小段，儿童跟着读一句或一小段。如此继续进行，直到全文读完为止。

交互读

交互读就是甲组读第一句，乙组读第二句，甲组再读第三句，乙组再读第四句，依次轮流，周而复始。

分组读

分组读就是分组、分行或分排读，并互相矫正错误。

自由读：全班同学每人同时自由地低声朗读。由于不必与别人配合，因此速度不拘，可边读边思考。

指名读

指名读由教师指名一个儿童来读，读完了一段或两段以后，另请一个同学接读。

表情读

课本如为韵文，可让儿童依字句的长短，音乐的节奏，用姿势、动作、表情的方法朗读。

抽签读

在全体儿童的名签中，谁被抽中，就由谁站起来朗读。

对话读

儿童剧要用对话读，也就是分角色读，此方式较活泼而有助理解。

高低音读

甲儿童高音朗读，乙儿童低音相和。这是一种靠声音高低产生变化的方式，儿童可在兴味盎然中变化音调朗读，感觉新鲜而有趣。

3. 朗诵的特点

朗读是一种"说"的形式

朗读将语言文字符号转化为有声语言形式的一种活动，属于"说话"的范畴。它要求朗读者将文字符号通过发音器官"说"出来，因此是一种语言输出形式。

朗读是一种"读"的形式

朗读是一种语言的输入形式。因为朗读者只有通过视觉"看"到文字并将之转化为相应的语言形式才能进行朗读。朗读中除了眼、脑以外，还有发声器官的参与。从读的目的来看，朗读除了要获取信息，有时还是为了传递信息。

朗读是一种"听"的形式

朗读者在朗读的时候，将无声的文字符号变成了有声的语言，在这一连续的过程中，朗读者本身无论是有意的还是无意的都会听到自己发出的语言信息。

我们可以看出，朗读是一种多感官并用的语言输入和输出形式。因为朗读需要用眼看文字符号，因此是一种阅读的输入形式；朗读又需要用"嘴"来说，因此又是一种有声的语言输出形式，又因为朗读是一种有声的语言输出形式，朗读者本身又会"听"到自己所发出的语言信息，所以朗读还是一种语音输入形式。"看"和"听"表明朗读是一种语言输入形式，而"说"又表明朗读是一种语言输出形式。总的来说，朗读是一种语言信息处理和转换的过程。它对视觉感知的语言信息加以理解和加工，再将信息内容转换为口语语言表达出来。这样人的言语观察、言语听觉和言语动觉（说）都能得到锻炼。

4．朗诵符号的运用

朗读者在分析体味文字作品的准备工作中，为了清楚准确地表达作品的中心思想和更好地实现朗读目的，往往在文字中做些标记，以提醒自己注意。我们把这些标记称做"朗读符号"。

目前，朗读符号还没像标点符号那样，有着统一的标准。我们本着切实可行，有益于朗读和便于操作的原则，把常用的五种朗读符号介绍给大家。

∧——停顿号

不论有无标点符号均可用，停顿的时间稍稍加长。如用于有标点符号的地方，表示停顿时间再长些。例如：

王大娘听到声音，十分高兴，赶忙走了出来。她看到儿子有些奇怪，就对他说："这是粮店的刘同志。"

"她看到儿子有些奇怪"一句，依据语境，是"儿子"奇怪，应该在"看到"后面标一停顿符号，就是"她看到∧儿子有些奇怪"。如果不标朗读停顿号，很容易在"儿子"后面停顿，就成了"王大娘"奇怪了，显然是不对的。

∧——间歇号

不论有无标点符号处，都可使用。用于无标点符号处，表示间歇时间较长；用于有标点符号处，表示间歇时间更长些。

例如《井冈翠竹》中的两句话：

井冈山∧五百里林海里，最使人难忘的∧是毛竹。

在"井冈山"后略略一顿，目的是把人们带进作者所描绘的五百里林海之中；"最使人难忘的"后面作一较长时间的顿歇，"毛竹"两字用深沉、回味、抒情的语气送出，表达出对井冈山翠竹的深厚眷恋之情，用回味性停顿的方法，把听者带入过去，使其在停顿中受到感染。

⌒——连接号

只用于有标点符号的地方，表示缩短停顿时间，连起来读。例如：

"……人群里，年长的是大娘，⌒大爷，同年的是大哥，⌒大嫂，兄弟，⌒姐妹，都是亲人。又仿佛队伍同时是群众，⌒群众又同时是队伍，根本分不清……"（《歌声》）

这一段文字的字里行间，闪现着作者和乡亲们兴奋、激动之情，洋溢着亲切、感人的气氛。朗读时，语速较快，衔接较紧，须做些连接处理。

又如《祝福》中的一段：

阿呀，︵我的太太！您真是大户人家的太太的话。我们山里人，︵小户人家，这算得什么？她有小叔子，︵也得娶老婆，不嫁了她，那有这一注钱来做聘礼？她的婆婆倒是精明强干的女人呵，︵很有打算，所以就将她嫁到山里去。

卫婆子这种走家串巷的村镇女人，一向是以深知别家底细为荣，喜欢多嘴饶舌，加上又喝点酒，说起话来就更眉飞色舞，滔滔不绝。

————词组号

把需连起来读的词或词组连在一起，避免破坏语意。例如：

中华人民共和国外交部新闻司昨天发布公告。

依据语意，"中华人民共和国外交部新闻司"是一个词组，如果读成"中华人民共和国外交部新闻司……"，就会支离破碎，语音含混不清。

又如"某公司不慎将0001号转账支票丢失，声明作废"。不能读成"……不慎将0001号转账支票丢失"。

···和——重音号

···为主要重音，——为次要重音。例如：

桂林的山真奇啊，……桂林的山真秀啊，……桂林的山真险啊……

"奇""秀""险"，是桂林山的特点，也是表现主题思想的重要词语。因此，这三个作为句子谓语的形容词，应并列为主要重音，"山"是次要重音。

又如：

有这么一个传说：古时候，天上有10个太阳，晒得地面寸草不生。

在这语境中，"10"是主要重音，表示太阳之多，热度极高，万物受害，不能忍受的心情。"寸草不生"是次要重音。

以上介绍了几种经常使用的朗读符号。朗读实践证明，朗读符号仅仅是朗读时的辅助手段，企图完全依赖于朗读符号去完成文章主题思想的表达和实现朗读目的，是做不到的。

5. 朗诵的要领

朗读不仅是阅读教学而且提高普通话水平最经常最重要的训练"。朗读，能帮助理解语义，能帮助再现情境，能帮助领悟内涵，能充实认知结构，能提高普通话水平，能发展思维能力。但从教学第一线的实际情况看，首先，朗读教学还未引起足够的重视。其次，朗读教学质量低下，只是低层次的读响亮，读正确流利，缺乏对学生感情朗读的具体指导。第三，受应试教育的影响，语文测试中对朗读的检测很少甚至没有。同时，对学生朗读的检测、评价缺乏科学性，存在很大的随意性。第四，由于受教师朗读水平的影响，教学中朗读指导存在许多不当之处。第五，许多学生缺乏对普通话的驾驭能力。特别是农村的中小学校，很多学生不能熟练运用普通话。对于这些不良状况，我们必须大刀阔斧地进行改革。《语文教学大纲》明确指出："小学各个年级的阅读教学都要重视朗读。""要让学生充分地读，在读中整体感知，在读中有所感悟，在读中培养语感，在读中受到情感的熏陶。"并且，《大纲》在"教学内容和要求"中对低、中、高年段都提出了明确的目标。著名特级教师孙双金也曾指出："书声琅琅应当成为一堂好课的首要特征。"由此可见朗读在语文教学中的重要地位。因此我认为可从以下两个方面组织实施，扎扎实实开展了一系列工作。

加强学习，提高认识，确立朗读训练的目标体系

为了使广大语文教师充分认识朗读教学的重要性，我们开展了大学习、大讨论活动，组织教师学习《语文教学大纲》，深刻领会《大纲》对朗读教学的要求，与学生实际结合起来，制定了各年级朗读教学的目标体系，为课题研究指明了方向。

精心指导，抓实训练，积极开展朗读教学研究

（1）立足课堂，精心指导朗读，强化朗读训练。阅读教学要十分重视朗读训练，要让学生充分地读。首先，我们在教学中保证了学生朗读的时间，去掉了那些繁琐的分析，努力地让学生在读中感悟。著名特级教学李吉林说过："老师的讲解分析不可能代替学生的主观感受……因此，我主张读得多一些，讲得少一些，练得多一些。"实践证明，李吉林老师的观点是完全正确的，教师讲少了，学生读多了，学生的语文能力不但没有降低，反而提高了。其次，在教学中，我们重视了教师对学生朗读的指导。通过教师的引读、范读、朗读技能的传授等，有效地提高了学生的朗读水平和感悟能力。第三，在朗读训练中，我们注意变换形式，使学生朗读的方式灵活多样，如个别朗读、齐声朗读、分组朗读、对比朗读、分角色朗读等，这样做大大激发了学生朗读的兴趣，激起了学生想把书读好的欲望。

（2）组织朗读竞赛，促进朗读教学。结合课题研究，我们还有效地开展了朗读竞赛活动，进一步促进朗读教学。每一学期，坚持开展一次朗读竞赛活动，其中，既有集体朗读竞赛又有个人朗读竞赛，通过朗读竞赛，从一个侧面了解了学生普通话的实际状况以及教师在阅读教学中朗读训练的重视程度和训练效果，从而为更好地提高普通话水平，改善朗读教学提供了有力的依据。

（3）为学生创造一个说普通话的良好氛围。

由于地方方言的干扰，只在课堂上使用普通话，对学生的普通话水平提高并不大。我们应积极鼓励学生时时刻刻讲普通话，让学生觉得普通话就在我身边，在耳濡目染中轻松地运用普通话。也能够促进学生口语交际能力和习作水平的提高。

在今后的教育教学工作中，我们全体教师要进一步增强创新意识，加强学习，大胆实践，不断总结，为学生素质的大面积提高作出更大的努力。

6. 朗诵前的准备

朗诵是朗诵者的一种再创作活动。这种再创作，不是脱离朗诵的材料去另行一套，也不是照字读音的简单活动，而是要求朗诵者通过原作的字句，用有声语言传达出原作的主要精神和艺术美感。不仅要让听众领会朗诵的内容，而且要使其在感情上受到感染。为了达到这个目的，朗诵者在朗诵前就必须做好一系列的准备工作。

选择朗诵材料

朗诵是一种传情的艺术。朗诵者要很好地传情，引起听众共鸣，首先要注意材料的选择。选择材料时，首先要注意选择那些语言具有形象性而且适于上口的文章。因为形象感受是朗诵中一个很重要的环节；干瘪枯燥的书面语言对于具有很强感受能力的朗诵者也构不成丰富的形象感受。其次，要根据朗诵的场合和听众的需要，以及朗诵者自己的爱好和实际水平，在众多作品中，选出合适的作品。

把握作品的内容

准确地把握作品内容，透彻地理解其内在含义，是作品朗诵重要的前提和基础。固然，朗诵中各种艺术手段的运用十分重要，但是，如果离开了准确透彻地把握内容这个前提，那么，艺术技巧成了无源之水，无本之木，成了一种纯粹的形式主义，也就无法做到传情，无法让听众动情了。要准确透彻地把握作品内容，应注意以下几点：

（1）正确、深入的理解。

朗诵者要把作品的思想感情准确地表现出来，需要透过字里行间，理解作品的内在含义。首先要清除障碍，搞清楚文中生字、生词、成语典故、语句等的含义，不要囫囵吞枣、望文生义。其次，要把握作品创作的背景、作品的主题和情感的基调，这样才会准确地理解作品，才不会把作品念得支离破碎，甚至歪曲原作的思想内容。以高尔基的《海燕》为例，扫除文字障碍后，就要对作品进行综合分析。这篇作品以象征手法，通过暴风雨来临之前、暴风雨逼近和即将来临三个画面的描绘，塑造了一只不怕电闪雷鸣，敢于搏风击浪，勇于呼风唤雨的海燕——这一"胜利的预言家"的形象。而这部作品诞生之后立即不胫而走，被广大工人和革命群众在革命小组活动时朗诵，被视作传播革命信息，坚定革命理想的战歌。综合分析之后，朗诵时就不难把握其主题是：满怀激情地呼唤革命高潮的到来。进而，我们又不难把握这部作品的基调应是对革命高潮的向往、企盼。

（2）深刻、细致的感受。

有的朗诵，听起来也有着抑扬顿挫的语调，可就是打动不了听众。如果不是作品本身有缺陷，那就是朗诵者对作品的感受还太浅薄，没有真正走进作品，而是在那里"挤"情、"造"性。听众是敏锐的，他们不会被虚情所动，朗诵者要唤起听众的感情，使听众与自己同喜同悲同呼吸，必须仔细体味作品，进入角色，进入情境。

（3）丰富、逼真的想象

在理解感受作品的同时，往往伴随着丰富的想象，这样才能使作品的内容在自己的心中、眼前活动起来，就好象亲眼看到、亲身经历一样。以陈然《我的自白书》为例，在对作品进行综合分析的同时，可以设想自己就是陈然（重庆《挺进报》的特支书记），当时正处在这样的情境中：我被国民党逮捕，在狱中饱受折磨，但信仰毫不动摇，最后，敌人把一张白纸放在我面前，让我写自白书，我满怀对敌人的愤恨和藐视，满怀革命必胜的坚定信念，自豪地写下了"怒斥敌酋"式的《我的自白书》。这样通过深入的理解、真挚的感受和丰富的想象，使己动情，从而也使人动性。

用普通话语音朗诵

要使自己的朗诵优美动听，必须使用标准的普通话进行朗诵，因为朗诵作品一般都是运用现代汉民族共同语（即普通话）写成的，所以，只有用普通话语音朗诵，才能更好地更准确地表达作品的思想内容。同时，普通话是汉民族共同语，用普通话朗诵，便于不同方言区的人理解、接受。因而，在朗诵之前，首先要咬准字音，掌握语流音变等普通话知识。

7. 朗诵的表达手段

朗诵时，一方面要深刻透彻地把握作品的内容，另一方面。要合理地运用各种艺术手段，准确地表达作品的内在含义。常用的基本表达手段有：停顿、重音、语速、句调。

停顿

停顿指语句或词语之间声音上的间歇。停顿一方面是由于朗诵者在朗诵时生理上的需要；另一方面是句子结构上的需要；再一方面是为了充分表达思想感情的需要；同时，也可给听者一个领略和思考、理解和接受的余地，帮助听者理解文章含义，加深印象。停顿包括生理停顿、语法停顿、强调停顿。

（1）生理停顿。

生理停顿即朗诵者根据气息需要，在不影响语义完整的地方作一个短暂的停歇。要注意，生理停顿，不要妨碍语意表达，不割裂语法结构；

（2）语法停顿。

语法停顿是反映一句话里面的语法关系的，在书面语言里就反映为标点。一般来说，语法停顿时间的长短同标点大致相关。例如句号、问号、叹号后的停顿比分号、冒号长；分号、冒号后的停顿比逗号长；逗号后的停顿比顿号长；段落之间的停顿则长于句子停顿的时间。

（3）强调停顿。

为了强调某一事物，突出某个语意或某种感情，而在书面上没有标点、在生理上也可不作停顿的地方作了停顿，或者在书面上有标点的地方作了较大的停顿，这样的停顿我们称为强调停顿。强调停顿主要是靠仔细揣摩作品，深刻体会其内在含义来安排的。例如：

遵义会议‖纠正了│在第五次反"围剿"斗争中所犯的"左倾机会主义性质"的严重的原则错误，团结了│党和红军，使得│党中央和红军主力胜利地完成了长征，转到了│抗日的前沿阵地，执行了抗日民族统一战线的新政策。

"遵义会议"之后没有标点符号，但是为了突出"遵义会议"的地位，强调"遵义会议"在我党历史上的伟大意义，就应有一个停顿，而且比下面的其它强调停顿时间要长一些。"纠正了"、"团结了"、"使得"、"转到了"、"执行了"这些词语后面也没有标点，但为清楚显示"遵义会议"的伟大历史意义，应用停顿，句中划"‖"和"｜"的都表示强调停顿。

如果不仔细揣度作品而任意作强调停顿，容易产生错误的理解。例如贺敬之《雷锋之歌》中的一句："来呵！让我们紧紧挽住雷锋的这三条刀伤的手臂吧！"有人在"三条"之后略作停顿，就会给听众造成"三条手臂"的错觉，影响理解的正确性。

重音

重音是指朗诵、说话时句子里某些词语念得比较重的现象。一般用增加声音的强度来体现。重音有语法重音和强调重音两种。

（1）语法重音。

在不表示什么特殊的思想和感情的情况下，根据语法结构的特点，而把句子的某些部分重读的，叫语法重音。语法重音的位置比较固定，常见的规律是：①一般短句子里的谓语部分常重读；②动词或形容词前的状语常重读；③动词后面由形容词。动词及部分词组充当的补语常重读；④名词前的定语常重读；⑤有些代词也常重读；如果一句活里成分较多，重读也就不止一处，往往优先重读定语、状语、补语等连带成分。如：我们是怎样度过这惊涛骇浪的瞬息！快把那炉火烧得通红。值得注意的是，语法重音的强度并不十分强，只是同语句的其他部分相比较，读得比较重一些罢了。

（2）强调重音。

强调重音指的是为了表示某种特殊的感情和强调某种特殊意义而故意说得重一些的音，目的在引起听者注意自己所要强调的某个部分。语句在什么地方该用强调重音并没有固定的规律，而是受说话的环境。内容和感情支配的。同一句话，强调重音不同，表达的意思也往往不同，例如：我去过上海。（回答"谁去过上海"）我去过上海。（回答"你去没去过上海"）我去过上海。（回答"北京、上海等地，你去过哪儿?")因而,在朗诵时,首先要认真钻研作品,正确理解作者意图,才能较快较准地找到强调重音之所在。强调重音与语法重音的区别是:从音量上看:语法重音给人的感觉只是一般的轻重有所区别,而强调重音则给人鲜明突出的印象。强调重音的音量大于语法重音的音量。从出现的位置看:强调重音可能与语法重音重叠,这时语法重音服从于强调重音,只要把音量再加强一些就行了。有时,两种重音出现在不同的位置上,此时,强调重音的音量要盖过语法重音的音量。从确定重音的难易上看。语法重音较容易找到,在一句话的范围内,根据语法结构的特点就可以确定,而强调重音的确定却与朗诵者对作品的钻研程度、理解程度紧密相连。

语速

语速是指说话或朗诵时每个音节的长短及音节之间连接的紧松。说话的速度是由说话人的感情决定的,朗诵的速度则与文章的思想内容相联系。一般说来,热烈,欢快、兴奋、紧张的内容速度快一些;平静、庄重、悲伤、沉重、追忆的内容速度慢一些。而一般的叙述、说明、议论则用中速。以《雷雨》中周朴园和鲁侍萍的对话为例,朗诵时应根据人物心情的变化调整语速,而不应一律以一种速度读下来。如:

周:梅家的一个年轻小姐,很贤惠,也很规矩。有一天夜里,忽然地投水死了。后来,后来——你知道吗?

(慢速。周朴园故作与鲁侍萍闲谈状,以便探听一些情况。)

鲁:这个梅姑娘倒是有一天晚上跳的河,可是不是一个,她手里抱着一个刚生下三天的男孩,听人说她生前是不规矩的。

(慢速,侍萍回忆悲痛的往事,又想极力克制怨愤,以免周朴园认出。)

鲁:我前几天还见着她!(中速)周:什么?她就在这儿?此地?

（快速。表现周朴园的吃惊与紧张）

鲁：老爷，您想见一见她么？

（慢速。鲁故意试探）

周：不，不，不用。

（快速。表现周朴园的慌乱与心虚。）

周：我看过去的事不必再提了吧。

（中速）

鲁：我要提，我要提，我闷了三十年了！

（快速，表现鲁侍萍极度的悲愤以至几乎喊叫）

句调

在汉语中，字有字调，句有句调。我们通常称字调为声调，是指音节的高低升降。而句调我们则称为语调，是指语句的高低升降。句调是贯穿整个句干的，只是在句末音节上表现得特别明显。句调根据表示的语气和感情态度的不同，可分为四种：升调、降调、平调、曲调。

（1）升调（↑），前低后高，语势上升。一般用来表示疑问、反问、惊异等语气。

（2）降调（↓），前高后低，语势渐降。一般用于陈述句、感叹句、祈使句，表示肯定、坚决、赞美、祝福等感情。

（3）平调。这种调子，语势平稳舒缓，没有明显的升降变化，用于不带特殊感情的陈述和说明，还可表示庄严、悲痛、冷淡等感情。

（4）曲调。全句语调弯曲，或先升后降，或先降后升，往往把句中需要突出的词语拖长着念，这种句调常用来表示讽刺、厌恶、反语、意在言外等语气。

除了以上这些基本表达手段外，要使朗诵有声有色，还得借助一些特殊的表达手段，例如：笑语、颤音、泣诉、重音轻读等，这里我们就不详细介绍了。

8. 普通话朗诵技巧

技巧之一：停顿

（1）什么是停顿？

停顿是指朗读过程中声音的断和连。我们在朗读时，既不能一字一停，断断续续地进行，也不能字字相连，一口气念到底，无论是朗读者还是听众，无论是生理要求，还是心理要求，朗读中的停顿都是必不可少的；它既是显示语法结构的需要，更是明晰表达语、传达感情的需要。

（2）停顿与标点符号的关系。

一致关系。书面语中的标点符号有着不可忽视的作用，朗读的停顿必须服从标点符号，多数情况下，书面语中有点号的地方同朗读时的需要有停顿的地方是一致的。点号表示的停顿，可以分为四级，见下表：句号、问号、感叹号、分号、逗号、冒号

一般地说，句号、问号、感叹号的停顿比分号长些；分号的停顿要比逗号长些；逗号的停顿比顿号长些；而冒号的停顿则有较大的伸缩性：它的停顿有时相当于句号，有时相当于分号，有时只相当于逗号。如：

正像达尔文发现有机界发展规律一样，马克思发现了人类历史发展规律，即历来为纷繁芜杂的意识形态所掩盖的一个简单事实：///人们首先必须吃、喝、住、穿，/然后才能从事政治、科学、艺术、宗教等等；//所以，直接的物质生活资料的生产，从而一个民族或一个时代的一定的经济阶段，便构成了基础，人们的国家制度，法的观点、

艺术以至宗教观念，/就是从这个基础了发展起来的，因而也必须由这个基础来解释。而不是象过去那样做得相反。

不一致关系。有时，书面语的标点同朗读中的停顿也常常有并一致的地方。

（3）各种不同性质的停顿。

顺应语法的停顿。这类停顿可以依据标点来处理，有时也可以突破标点的限制。（见停顿与标点符号的关系）。

显示层次的停顿。文章的层次可以借助于朗读者的停顿得到显示。一般说来，文章中的节（段）这样的大层次比较容易划分，而一节（或一段）文字，甚至一句话中，也往往有更小更细的层次，划分这些层次并用朗读中的停顿表现出来，就不是一件容易的事。

体现呼应的停顿。文章中的呼应关系在朗读时主要通过停顿来体现的。全篇整体性的呼应较易把握，而文章中的局部的呼应关系，往往由于朗读者的忽略而造成呼应中断，或呼应模糊，因此影响了语意的表达。如：

在建设工作中，犯一些错误，有一些缺点，是难免的。问题在于对待缺点错误的态度。（吴晗《论谦虚》）

这小燕子，便是我们故乡的那/一对，两对么？（郑振铎《海燕》）

中国共产党干了五十八年的革命。五十八年里，新情况，新任务/层出不穷。

总之，我们要拿来。我们要/或使用，或存放，或毁灭。

然而，首先要这人沉着，勇猛，有辨别，不自私。

（4）指向强调的停顿。

为了突出句中某些重要词语，引起听众的注意，加深听众的印象，可以在这些词语的前面或后面稍加停顿，这便是强调性的停顿。如：

惨象，已使我目不忍视了；流言，尤使我耳不忍闻。我还有什么话可说呢？我懂得衰亡民族之所以默无声息的缘由了。沉默呵，沉默呵！不在沉默中/爆发，就在沉默中/灭亡。（鲁迅《记念刘和珍君》）

朗读最后一句时，如果在"爆发"和"灭亡"的前面作一停顿，就可以使听众充分感受到这里发出了"不爆发即灭亡"的呼告及对读者投入斗争的召唤。再如：

有的人活着/他已经死了；/有的人死了/他还活着。

课堂练习：

那人一只大手，向他摊着，一只手却撮着一个鲜红的馒头，那红的/还是一点一点的往下滴。（鲁迅《药》）

我与父亲不相见已二年余了，我最不能忘记的是他的/背影。（朱自清《背影》）

（5）表达音节的停顿朗读诗词时，必须用停顿来表达音节，以加强节奏感。如：

白发/三千丈，缘愁/似个长。不知/明镜里，何处/得秋霜？（二三式）

竹外/桃花/三两枝，春江/水暖/鸭先知。蒌蒿/满地/芦芽短，正是/河豚/欲上时。（二二三式）

北国/风光，千里/冰封，万里/雪飘。望/长城内外，帷余/莽莽；大河/上下，顿失/滔滔。山舞/银蛇，原驰/腊象，欲与/天公/试比高。须/晴日，看/红装素裹，分外/妖娆。（毛泽东《沁园春·雪》）

我为/少男少女们/歌唱，我/歌唱/早晨，我/歌唱/希望，我/歌唱那些/属于未来的/事物，我/歌唱/正在生长的/力量。（何其芳《我为少男少女们歌唱》）

（6）区别语意的停顿书面语中的某些歧义短语和句子，可以用朗读的停顿来揭示其不同的语法结构，从而表达不同的意义。如：

A、改正/错误的意见（动宾短语）B、改正错误的/意见（偏正

短语）

A、通知到了（补充短语）B、通知/到了（主谓短语）

A、我不相信他是坏人（他不是坏人）B、我不相信/他是坏人

（他是坏人）

他的老朋友公证人觉得，倘使查理葛朗台不回来，这个有钱的独养女儿稳是"嫁给"/他当所长的侄儿了。（巴尔扎克《守财奴》）

我看到儿子提着/爸爸从北京买来的礼物，高高兴兴地走进屋来。

（7）避免误读的停顿。朗读中，停顿还有一种区别意义的作用。

魂灵的有无，我不知道；然而在现世，则无聊生者/不生，即使厌见者/不见，为人为已，也还都不错。（鲁迅《祝福》）

技巧之二：语速

（1）什么是语速？

语速是指朗读时在一定的时间里，容纳一定数量的词语。世间一切事物的运动状态和一切人在不同情境下的思想感情总是有千差万别的。朗读各种文章时，要正确地表现各种不同的生活现象和人们各种不同的思想感情，就必须采取与之相适应的不同的朗读速度。例如：

其间有一个十一二岁的少年，项带银圈，手捏一柄钢叉，向一匹猹尽力地刺去，那猹却将身一扭，反从他的胯下逃走了。

月亮底下，你听，啦啦的响了，猹在咬瓜了。你便提捏了胡叉，轻轻地走去。（鲁迅《故乡》）

以上是两种不同的动态。这不同的动态在我们心里引起的感觉是不一样的。朗读时必须体现出前者"将身一扭，从他的胯下逃走了"之快和后者"你便提捏了胡叉，轻轻地走去。"之慢。

（2）决定语速不同的各种因素。

不同的场面急剧变化发展的场面宜用快读；平静、严肃的场面宜用慢读。

海在我们的脚下沉吟着，诗人一般。那声音仿佛是朦胧的月光和玫瑰的晨雾一般。又像是情人的密语那样芳醇；低低地，轻轻地，像微风拂过琴弦；像落花飘零在水上。海睡熟了。大小的岛拥抱着，偎依着，也静静地恍惚入了梦乡。星星在头上眨着慵懒的眼睑，也像要睡了。许久许久，我俩也像入睡了似的，停止了一切的思念和情绪。不晓得过了多少时候，远寺的钟声突然惊醒了海的酣梦，它恼怒似的激起波浪的兴奋，渐渐向我们脚下的岩石掀过来，发出汩汩的声音，象是谁在海底吐着气，海面的银光跟着晃动起来，银龙样的。接着我们脚下的岩石就像铃子、铙钹、钟鼓在奏鸣着，而且声音愈响愈大起来。没有风。海自己醒了。喘着气，转侧着，打着呵欠，伸着懒腰，抹着眼睛。因为岛屿挡住了它的转动，它狠狠的用脚踢着，用手推着，用牙咬着。它一刻比一刻兴奋，一刻比一刻用劲。岩石也仿佛渐渐战栗，发出抵抗的嗥叫，击碎了海的鳞甲，片片飞散。海终于愤怒了。它咆哮着，猛烈地冲向岸边袭击过来，冲进了岩石的罅隙里，又拨剌着岩石的壁垒。音响就越大了。战鼓声，金锣声，呐喊声，叫号声，啼哭声，马蹄声，车轮声，机翼声，掺杂在一起，像千军万马混战了起来。银光消失了。海水疯狂地汹涌着，吞没了远近大小的岛屿。它从我们的脚下扑了过来，响雷般地怒吼着，一阵阵地将满含着血腥的浪花溅在我们的身上。

不同的心情紧张、焦急、慌乱、热烈、欢畅的心情宜用快读；沉重、悲痛、缅怀、悼念、失望的心情宜用慢读。前者如：

……她猛然喊了一声。脖子上的钻石项链没有了。她丈夫已经脱了一半衣服，就问："什么事情？"她吓昏了，转身向着他说："我……我……我丢了佛来思节夫人的项链了。"

他惊惶失措地直起身子，说："什么！……怎么啦？……哪儿会有这样的事！"他们在长衣裙褶里，大衣褶里寻找，在所有口袋里寻找，竟没有找到。他问："你确实相信离开舞会的时候它还在吗?"

"是的，在教育部走廊上我还摸过它呢。"

"但是，如果是在街上丢的，我们总得听见声响。一定是丢在车里了。"

"是的，很可能。你记得车的号码吗?"

"不记得。你呢，你没注意吗?"

"没有。"他们惊惶地面面相觑……（莫泊桑《项链》）

后者如：

在一个深夜里，我站在客栈的院子中，周围是堆着破烂的什物；人们都睡觉了，连我的女人和孩子。我沉重地感到我失去了很好的朋友，中国失掉了很好的青年，我在悲愤中沉静下去了，然而积习却从沉静中抬起头来，凑成了这样的几句：惯于长夜过春时，挈妇将雏鬓有丝。梦里依稀慈母泪，城头变幻大王旗。忍看朋辈成新鬼，怒向刀丛觅小诗。吟罢低眉无写处，月光如水照缁衣。（鲁迅《为了忘却的记念》）

不同的谈话方式辩论、争吵、急呼，宜用快读；闲谈、絮语，宜用慢读。

前者如：（分角色朗读）

周朴园：鲁大海，你现在没有资格跟我说话，矿上已经把你开除了。

鲁大海：开除了?!

周　冲：爸爸，这是不公平的。

周朴园（向周冲）：你少多嘴，出去!（周冲愤然由中门下）

鲁大海：好，好。（切齿）你的手段我早就明白，只要你能弄钱，你什么都做得出来。你叫警察杀了矿上许多工人，你还——

周朴园：你胡说!

鲁侍萍：（至大海说）走吧，别说了。

鲁大海：哼，你的来历我都知道，你从前在哈尔滨包修江桥，故意叫江堤出险——

周朴园（厉声）：下去！

仆人们（拉大海）：走！走！

鲁大海：你故意淹死了两千二百个小工，每一个小工的性命你扣三百块钱！姓周的，你发的是绝子绝孙的昧心财！你现在还——

周　萍（冲向大海，打了他两个嘴巴）：你这种混账东西！（大海还手，被仆人们拉住。）

周　萍：打他！

鲁大海（向周萍）：你！（仆人们一齐打大海。大海流了血。）

周朴园（厉声）：不要打人！（仆人们住手，仍拉住大海。）

鲁大海（挣扎）：放开我，你们这一群强盗！

周　萍（向仆人们）：把他拉下！

鲁侍萍（大哭）：这真是一群强盗！（曹禺《雷雨》）

不同的叙述方式作者的抨击、斥责、控诉、雄辩，宜用快读；一般的记叙、说明、追忆，宜用慢读。前者如：

反动派暗杀李先生的消息传出以后，大家听了都悲愤痛恨。我心里想，这些无耻的东西，不知他们是怎么想法，他们的心理是什么状态，他们的心怎样长的！（捶击桌子）其实很简单，他们这样疯狂的来制造恐怖，正是他们自己在慌啊！在害怕啊！所以他们制造恐怖，其实是他们自己在恐怖啊！特务们，你们想想，你们还有几天？你们完了，快完了！你们以为打伤几个，杀死几个，就可以了事，就可以把人民吓倒了吗？其实广大的人民是打不尽的，杀不完的！要是这样可以的话，世界上早没人了。（闻一多《最后一次讲演》）

后者如：

在延安人的记忆里，毛主席永远穿着干净的旧灰布制服，布鞋，戴着灰布八角帽。他的魁梧的身形，温和和脸，明净的额，慈祥的目光，时时出现在会场上，课堂上，杨家岭山下的大道边。主席生活在发群众中间，生活中同志们中间。主席的音容笑貌，举手投足，人们都是熟悉的，理解的。人们怀着无限的信任和爱戴的感情团聚在他周围，一步不能离开，也一步不曾离开。如今，主席穿上作客的衣服，要离我们远去了。（方纪《挥手之间》）

不同的人物性格年青、机警、泼辣的人物的言语、动作宜有快读；年老、稳重、迟钝的人物的言语、动作宜用慢读。前者如：

"这有什么依不依。闹是谁也总要闹一闹的；只要用绳子一捆，塞在花轿里，抬到男家，捺上花冠，拜堂，关上房门，就完事了。可是祥林嫂真出格，听说那时实在闹得厉害，大家还都说大约在念书人家做过事，所以与众不同呢。太太，我们见得人多了：回头人出嫁，哭喊的也有，说要寻死觅活的也有，抬到男家闹得拜不成天地的也有，连花烛都砸了的也有。祥林嫂可是异乎寻常，他们说她一路只是嚎，骂，抬到贺家奥，喉咙已经全哑了。拉出轿来，两个男人和她的小叔子使劲的擒住她也还拜不成天地。他们一不小心，一松手，啊呀，阿弥陀佛，她就一头撞在香案角上，头上碰了一个大窟窿，鲜血直流，用了两把香灰，包上两块红布还止不住血呢。直到七手八脚的将她和男人反关在新房里，还是骂，啊呀呀，这真是……"（鲁迅《祝福》）

后者如：

"冬天没有什么东西了。这一点干青豆倒是自家晒在那里的，请老爷……"我问问他的景况。他只是摇头。"非常难。第六个孩子也会帮忙了，却总是吃不够……又不太平……什么地方都要钱，没有定规……收成又坏。种出东西来，挑去卖，总要捐几回钱，折了本；不去卖，又只能烂掉……"他只是摇头；脸上虽然刻着许多皱纹，却全

然不动，仿佛石像一般。他大约只是觉得苦，却又形容不出，沉默了片时，便拿起烟管来默默的吸烟了。（鲁迅《故乡》）

（3）朗读速度的转换。朗读任何一篇文章，都不能自始至终采用一成不变的速度。

朗读者要根据作者的感情起伏和事物的发展变化随时调整自己的朗读速度。这种在朗读过程中实现朗读速度的转换是取得朗读成功的重要一环。

（4）注意问题。读得快时，要特别注意吐字的清晰，不能为了读得快而含混不清，甚至"吃字"；读得慢时，要特别注意声音的明朗实在，不能因为读得慢而显得疲疲沓沓，松松垮垮。总之，在掌握朗读的速度时要做到"快而不乱""慢而不拖"。

朗读技巧之三：重音

（1）什么是重音？

在朗读中，为了准确地表达语意和思想感情，有时强调那些起重要作用的词或短语，被强调的这个词或短语通常叫重音，或重读。在由词和短语组成的句子中，组成句子的词和短语，在表达基本语意和思想感情的时候，不是平列地处在同一个地位上。有的词、短语在表达语意和思想感情上显得十分重要，而与之相比较，另外一些词和短语就处于一个较为次要的地位上，所以有必要对重要的词、短语采用重音。同样一句话，如果把不同的词或短语确定为重音，由于重音不同，整个句子的意思也就发生了很大的变化，如：A、我请你跳舞（请你跳舞的不是别人）B、我请你跳舞（怎么样，给面子吧?）C、我请你跳舞（不请别人）D、我请你跳舞（不是请你唱歌）。

再如下面一段话，如果把加点的音节作为重音加以强调，这句话的语意立即突出了，内容也会一下子变得丰富起来。

一生中能有这样两个发现，该是很够了，即使只能作出一个这样的发现，也已经是幸福的了。但是马克思在他研究的每一个领域，甚至数学领域都有独到的发现，这样的领域是很多的，而且其中任何一个领域他都不是肤浅地研究的。（恩格斯《在马克思墓前的讲话》）

（2）确定重音的依据。

依据结构。有些句子，平平常常，没有特殊的感情色彩，也没有什么特别强调的意味。这种句子的重音可以依据其语法结构来确定，一般地，需要重读的有短句中的谓语、宾语、定语、状语、补语、有些代词。这类重音叫做语法重音或意群重意音。这类重音在朗读时不必过分强调，只要比其他音节读得重些就可以了。

依据语意和感情。有些句子或由于构造复杂，或由于表意曲折，或由于感情特殊，它的重音往往不能一下子确定，必须联系上下文，对它细加观察，进行认真推敲，尤其要把它放到特定的语言环境中加以考察，才能确定其重音，通常把这类重音叫做逻辑重音（强调重音）和感情重音。它同语法重音有时是一致的，有时则是不一致的。当逻辑重音（感情重音）和语法重音不一致时，后者必须服从前者。

（3）各种类型的重音。

突出语意区别的重音。这类重音意在显示语意中的某些差异，这些差异往往是句意的重心所在，必须加以强调。其中有：

并列性的重音。

当然，能够只是送出去，也不算坏事情，一者见得丰富，二者见得大度。（鲁迅《拿来主义》）

对比性重音。

我爱热闹，也爱冷静，爱群居，也爱独处。（朱自清《荷塘月色》）

我们的战士，对敌人这样狠，而对朝鲜人民却是那样的爱，充满了国际主义的深厚感情。（魏巍《谁是最可爱的人》）

排比性的重音。

它既不需要谁来施肥，也不需要谁来灌溉。狂风吹不倒它，洪水淹不没它，严寒冻不死它，干旱旱不坏它。它只是一味地无忧无虑地生长。（陶铸《松树的风格》）

井冈山的翠竹啊！去吧，去吧，快快地去吧！多少工地，多少工厂矿山，多少高楼大厦，多少城市和农村，都殷切地等待着你们！（袁鹰《井冈翠竹》）

突出句子关系的重音。这类重音意在表现句子（特别是复句）中的各种不同的语法关系，以此来强调句子是某种内在的逻辑关系。其中有：

转折性的重音。

他们可以承担一个浩大的战争，可以承担重建家园的种种艰辛，可是却承担不了如此沉重的离情。（魏巍《依依惜别的深情》）

是的，胜利来了，可是人们所盼望的经过流血争取的独立自由和平民主的生活又是要为蒋介石和美帝国主义所破坏。（方纪《挥手之间》）

呼应性的重音。

文章中某些体现呼应关系的词语要重读。如：

用什么来表达自己的心意呢？战士们又有什么呢，他们只有一双结着硬茧的手，一颗赤诚的心。（魏巍《依依惜别的深情》）

陈毅："关于详细计划，改日再与齐先生细说吧。"

齐仰之："不、不，现在就说，现在就说！"（沙叶新《陈毅市长》）

突出修辞色彩的重音。这类重音意在鲜明体现句子中某些修辞现象，这些不同的修辞色彩的语言表现力最强的地方，最能体现文章的旨意。其中有：

词语的锤炼。

真的猛士，敢于直面惨淡的人生，敢于正视淋漓的鲜血。

两年前的此时，即一九三一年的二月七日夜或八日晨，是我们的五个青年作家同时遇害的时候。当时上海的报章都不敢载这件事，或者也许是不愿，或不屑载这件事……（鲁迅《为了忘却的记念》）

比喻。 重读文章中的比喻性词语，可以使被比喻的事物生动形象，加深对所描写事物或阐明道理的理解。但要注意，有比喻词的比喻句，不要重读比喻词"象""好象""仿佛"等。如：

刘白羽《长江三日》如果说瞿塘峡象一道闸门，那么巫峡简直象江上一条迂回曲折的画廊。（练习）我似乎打了一个寒噤；我就知道，我们之间已经隔了一层可悲的厚障壁了……（鲁迅《故乡》）

夸张。 文学作品中常用夸张的手法来表现人或事物的某一特征，表达作者对人或事物的感情态度，并引起读者的共鸣，使读者获得对事物的深刻印象。如：

每年特别是水灾、旱灾的时候，这些在日本厂里有门路的带工，就亲身或者派人到他们家乡或者灾荒区域，用他们多年熟练了的，可以将一根稻草讲成金条的嘴巴，去游说那些无力"饲养"可又不忍让他们的儿女饿死的同乡……（夏衍《包身工》）

（练习）可是在中国，那时是确无写处的，禁锢得比罐头还严密。（鲁迅《为了忘却的纪念》）

借代。

你杀死一个李公朴，会有千百个李公朴站起来！（闻一多《最后一次的讲演》）

我们应当禁绝一切空话。但是主要的和首先的任务，是把那又长又臭的懒婆娘的裹脚，赶快扔到垃圾桶里去。（毛泽东《反对党八股》）

双关。

周繁漪：好，你去吧！小心，现在，（望窗外，自语）风暴就要起来了！（曹禺《雷雨》）

我能眼看着让别人替我去牺牲？我得去，凭我这身板，赤手空拳也干个够本！我刚打算往下跳，只见她扭回头来，两眼直盯着被惊呆了的孩子，拉长了声音说："孩子好好地听妈妈的话啊！"（王愿坚《党费》）

反语。

中国军队的屠戮妇婴的伟绩，八国联军惩创学生的武功，不幸全被这几缕血痕抹杀了（鲁迅《记念刘和珍君》）

联珠。

他比先前并没有什么大改变，单是老了些，但也还未留胡子，一见面是寒暄，寒暄之后说我"胖了"，说我"胖了"之后即大骂其新党。（鲁迅《祝福》）

竹叶烧了，还有竹枝；竹枝断了，还有竹鞭；竹鞭砍了，还有深埋在地下的竹根。（袁鹰《井风翠竹》）

反复。

盼望着，盼望着，东风来了，春天的脚步近了。（朱自清《春》）

好个"友邦人士"！日本帝国主义的兵队强占了辽吉，炮轰机关，他们不惊诧；阻断铁路，追炸客车，捕禁官吏，枪毙人发，他们不惊诧。中国国民党治下的连年内战，空前水灾，卖儿救穷，砍头示众，秘密杀戮，电刑逼供，他们也不惊诧。在学生的请愿中有纷扰，他们就惊诧了！（鲁迅《友邦惊诧论》）

第二节 演讲的学习训练

1. 演讲的起源

演讲又叫讲演或演说，是指在公众场所，以有声语言为主要手段，以体态语言为辅助手段，针对某个具体问题，鲜明、完整地发表自己的见解和主张，阐明事理或抒发情感，进行宣传鼓动的一种语言交际活动。一般做演讲主体的是名人或者有特殊经历的人，以面对公众传播演讲语言达到某种目的。

由于人类社会发展的需要而产生了语言；由于语言的发展和发音器官的进化，而使有声语言成为主要的表达方式；又由于要更加充分地表达思想感情，而把有声语言和态势语言有机地结合起来，这就是演讲作为一种语言表达方式的的起源。

2. 演讲的性质

（1）社会性演讲活动发生在社会成员之间，它是一个社会成员对其他社会成员进行宣传鼓动活动的口语表达形式。因此，演讲不只是个体行为，还具有很强的社会性。

（2）现实性演讲，是指符合客观事物的只是情况的性质。

（3）艺术性演讲是优于一切现实的口语表现形式，它要求演讲者去除一般讲话中的杂乱、松散、平板的因素，以一种集中、凝练、富有创造色彩的面貌出现，这就是演讲的艺术性。

（4）综合性演讲只是发生在一定时间内的活动，而为这一活动，演讲者要有各方面的充分准备。同时，还需要大量的组织工作与之配合，这就是演讲的综合性。

（5）逻辑性演讲者思维要缜密，语言应有条理，层次分明，结构清楚，这就是演讲的逻辑性。

（6）针对性演讲主题应是众所周之的问题，要注意听众的年龄、身份、文化程度等，这就是演讲的针对性。

（7）感染性演讲者要有鲜明的观点、自己独到的见解和看法以及深刻的思想等，要善于用流畅生动、深刻风趣的语言和恰当的修辞打动听众，这就是演讲的感染性。

3. 演讲的要领

演讲中的两个典型心理

一场成功的演讲，其决定性因素是多方面的，而演讲者的心理素质和心理状态被公认为是最重要的一条。许多成功的演说家都说，演讲中的求同性和存异性是最为典型和重要的两个问题，必须要加以重视才行。

（1）演讲中的求同性。

听众最想了解什么，关心什么，对什么最感兴趣。演讲要从他们的需要、需求出发，让听众觉得你就是他们的代言人，你所讲的正是他们所关心的问题或是他们所需求的东西。这样，就能与听众心理相融。如果演讲者只着眼于自己的愿望和兴趣，不顾听众的需求和兴趣，那么，一场与听众毫无求同性可言的演讲，是听众所反感和厌恶的，是彻头彻尾失败的演讲。

演讲者要以平等的态度对待听众。聪明的演讲者总是平易近人。如果你盛气凌人，处处以教训人的口吻演讲，时时以领导者、教育者和贤明者自居，我想没有哪个听众会甘愿受你的训斥。当然，这并不是要你对听众低三下四，讲一大堆客气话，把自己说得一无是处。这不仅收不到好的效果，还会影响你在听众中的威信。我的意思是，你要让听众觉得你就是他们阵营中的一员，用你的亲切和真诚去感染他们。一句话，既流露出真情实感，又富有真知灼见，唯此方能达到预期的演讲效果。

演讲离不开"演"的成分，但主要的还是"讲"，听众主要是靠听觉从演讲中获得信息。演讲不同于阅读，看不懂可以反复地看。演讲时除了个别语句演讲者有意重复外，其他的话是一遍而过，不可能再听第二遍。因此，如果演讲的发表结构繁乱、跳跃，听众就难以弄清你讲的顺序和意思，继而产生厌烦情绪，去注意别的事情了。所以，演讲者应精心设计演讲的发表结构，使其既条理清晰，又引人入胜，你的演讲才能吸引听众的注意力，并最终赢得他们的认可。

当然，演讲除了要努力求同外，还要刻意追求演讲的求异性，这样，演讲者的个性、风格和特色才会显露出来。

（2）演讲中的求异性。

在与听众求同的同时，也要尽量选择一些典型的、生动的、鲜为人知的新材料，从这些材料中引出新见解。只有当听众听起来有趣，觉得你在演讲中渗透着新东西、新信息、新见解，才会由衷地信任你而投入全部的注意力。如果你的演讲总习惯于重复老材料，你就很难引起听众的兴趣，更别想博得他们的好感了。

创新是命运转变的唯一希望。要在演讲中收获"一鸣惊人"的效果，就要引用新材料，引发出独具特色的能穿透听众心灵的新见解才行。不要惧怕新的东西，它将为你的演讲带来惊喜。

世上没有两片相同的树叶，每一个演讲者都是独具特色、与众不同的。我们演讲时，可以慷慨激昂，也可以娓娓而谈，可以庄重沉稳，也可以幽默风趣。这完全要依自己的风格来定，只要与自身特点相和谐，就是一种美。无论是"气势磅礴"还是"吟吟如诗"，只要能打动听众，就是成功的演讲。

当然，一个人演讲风格的形成因素是多方面的。可以借鉴、学习别人的风格，但又不能盲目照搬，邯郸学步，而是要用自己独特的魅力去打动听众。

每一位成功的演讲者都力求做到求同与存异的完美结合，因为他们明白，二者是对立又统一的。心里装有听众但又不失自己风格的演讲才能打动听众，才能取得演讲的成功。

在演讲中运用视觉材料

我们知道，听众主要通过演讲者的"讲"来获取信息，所以许多演讲者往往只注意如何满足听众的听觉需要，而忽视了听者的视觉需要。这样是很难有理想演讲效果的。

对听众来说，视觉材料的运用可使他们更深入理解演讲内容，并留下深刻持久的印象。这一点是得到心理学家证实的。我想，这也是每一位演讲者所希望的。那还等什么，不妨一试！

演讲者对视觉材料的运用可以吸引听众的注意力。当演讲者把视觉材料摆在听众面前时，他们的注意力会立即集中在视觉材料上，并热切地希望演讲者作一番详细解说。他们对你的话也许不太注意，但对摆在面前的视觉材料保准是带有极大兴致的。如果你是一个细心的人就会发现活动着的物体往往易于引起人们的好奇和关注。就像天空中掠过的飞机，总是比它在静止状态下更引人注目。

在演讲中运用视觉材料，听者的注意力就会被演讲者所吸引，这样，演讲者一句话和每一个动作都会产生应有的效应，使听众产生共鸣，引发同感。

视觉材料的运用更容易使听者相信和接受演讲者的观点。当法庭审理案件时，有关人员总是要出示"证据"，以使其他人信服。中国俗语说"耳听为虚，眼见为实"，"百闻不如一见"，讲的不就是这个道理吗？

对演讲者来说，视觉材料的运用可以有效克服"怯场"的紧张心理状态。有些演讲者虽然下了很多功夫准备演讲词，可是一身临讲台，心里就发慌，原来准备好的演讲内容也被忘得一干二净。这种由恐惧而引起的"怯场"现象，其根源就在于这些演讲者特别关注"自我形象"。要使演讲者摆脱恐惧心理，最有效的方法就是转移注意力，在演讲中运用视觉材料，这样便会轻松许多，演讲的效果也会更好。

视觉材料的运用还可以帮助演讲者把演讲内容讲得清楚明白。当演讲的内容抽象、枯燥时便是运用视觉材料的最佳时机。例如：哲学教师在讲人的意识与动物的心理之间的区别时，可以罗列许多方面的不同之处。但即使如此，滔滔不绝于耳，学生也未必能听得明明白白。如果教师在讲述时用一张图表来显示二者之间的差异，那么讲述就会变得简洁而有条理，相信学生们也会点头称赞的。

在演讲中，如果仅仅靠口头讲，会给听者以单调和枯燥的感觉。而视觉材料恰好能弥补这一不足。演讲者借助实物的直观性能更好地表述自己的见解，这也最容易被听众所接受。

通过上面的分析，你一定豁然开朗了不少吧。视觉材料在演讲者与听者进行思想交流中所起的作用是不容忽视的。因此，在演讲中要学会适当运用视觉材料。

到此，你也许会问，既然视觉材料在演讲中如此重要，那究竟怎样才能充分发挥它的作用呢？

首先要注意视觉材料的选择。演讲者运用视觉材料的目的是为了帮助自己阐述思想或观点。所以，要考虑所选取的视觉材料是否确实有助于你的表达，万不可盲目选择，否则还会起到反作用，影响演讲的效果。

演讲者要在演讲之前准备好视觉材料。对于放置以及在什么时候展示实物要做到心里有数，同时，也要想好展示时应如何讲述，以免在演讲中出现差错。

视觉材料的展示，是为了使演讲者的观点易于被听众接受，一次到位的展示，必定会为你的演讲增添耀眼的光辉。

不要忽视眼神的作用

口才对于演讲的重要性自不用多说，而眼睛在演讲中的作用往往得不到应有的重视，以致于降低了演讲的效果。人们都说："眼睛是心灵的窗户。"那些成功的演讲者，总能恰当而巧妙地运用自己的眼睛，表达出丰富而多变的思想情感，影响和感染着台下的每一位听众。

英国生物学家达尔文在《人和动物的表情》一书中，把眼睛的活动变化作为人类情绪的表征。这就告诉我们，人的眼睛是能够表达思想情感的，甚至是极其微妙而用言语难以表达的思想情感。

在演讲过程中，演讲者通过眼睛把他的思想感情、学识、性格和审美观等传递给听众。而听众也总是善于通过演讲者瞬间变化的眼神，窥见他丰富的思想情感，展开广阔的联想，收获更多的教益。

眼神是无声的语言。在演讲进程中，如果出现个别听众私语，或做出有碍于演讲的举动，那么，演讲者无须高喊一声"请注意听"，而只要投过一个眼神，听者就会明白演讲者的意思，然后就会集中注意力来听你的演说。

进一步讲，用眼睛说话，也是演讲者启示、引导听众最好的方式方法之一。听者可以从演讲者的眼神中，体察出演讲者内心的语言，从中受到潜移默化的教育，这种教育有时胜过有声语言。一个高超的演讲者，总是善于运用自己的眼睛，辅助有声语言，从而增强演讲效果。

演讲者可以通过眼睛观察到听众情绪的变化。在演讲中，演讲者要用自己敏锐而洞察秋毫的眼睛，随时捕捉听众的思想情绪、心理变化及听讲的兴趣。通过这样的审视，演讲者可随机应变，采取急救措施，改变自己演讲的内容和方法，把听众吸引过来。使那些不注意听讲的人能注意听讲，使那些冷淡的人热情起来。反之，不善于用眼睛观察听众的反应，或对会场的混乱视而不见，一意孤行讲下去的演讲者，是注定要失败的。

至此，也许你会说，既然眼睛的功用如此之大，那我们演讲时该如何运用它呢？

作为演讲者能认识到眼睛的妙用，这便是增强演讲效果的第一步。但要熟练运用，还需要一个磨练的过程。中国有句俗语叫"熟能生巧"，说的就是这个意思。而有些演讲者不会或不善于运用自己的眼睛。不管演讲的内容如何转折变化，他总是用同一种眼神对听众，可如此呆滞、麻木的眼神，怎么会引起听众的注意呢？演讲者一定要明白，你的眼神应与你要表达的思想感情相一致，这样，听众才会心随"神"动，从中受到深深的教益。

如果没有特殊的需要，演讲者的眼睛要注视台下的听众。这样，听众会有一种被重视的感觉，从而专注于你的演讲。如果演讲时，你经常仰视天花板，或是俯视于地板，或是经常环顾左右，那就会引起听众的反感甚至是厌恶。当然，并不是要你呆立在那里一动不动地直视着听众，因为这会使听众感到滑稽可笑，继而不知所措。所以说，只有得体、自然、活泼的眼神，才会让听众觉得舒服。

记住，眼神在演讲中的作用妙不可言，千万不可废之不用，否则，吃亏的终归还是你自己。

当听众席上人很少时

每一位演讲者都不希望听众席上有空位，但听众是不会听从你的意愿的。当你得知听众只有十来个人时，你是不是觉得这很容易对付呢？

也许你不会相信，同七个人交谈比对七百个人演讲更难。所以，你千万要当心啊！当你的听众很少时，你更应严格要求自己，绝不能有任何的失误。

即使只有几位听众，形式也要正规。无论从会场的布置，还是演讲的先后程序，都要按预定的设计严格照办，莫以人少而不为。有的演讲者碰到这样的情形，先是灰心，然后是应付演讲。可以想象，以应付的心态对待听众，恐怕连这几个人也不会为你喝彩，因为他们受到了你的漠视。所以，即使台下只有一名听众，你也要尽最大努力去争得他的满意，同时，这也是对自己人格的庇护。记住，演讲时，听众就是你的上帝！

有经验的演讲者都知道，听众越多，演讲秩序越好。当你走进来时，他们会鼓掌欢迎；当你走上讲台时，他们会自动安静下来。自始至终，他们或专心地听，或开怀地笑，或报以热烈的掌声。到了最后，当你提出问题时，站起来回答的那个人会提高嗓门，他知道只有这样，场内的每个人才能听到。

听众越少反而越难以维持秩序。作为演讲者，要准备随时解答听众提出来的问题。他们有时提出的问题是你根本无法预测的。为什么会出现这种情况？关键是听众也很茫然，不知所措。所以，在演讲开始之前就把你的要求告诉他们。

这时，你要机警起来，听众提出来的问题多数是受你的引导。有些听众提出的问题是你准备在最后解答的，这时候就应机动灵活，马上作出回答。如果你表现得有条不紊，就会给听众留下很好的印象，如果手忙脚乱，口吃难言，那你的演讲就肯定得不到听众的认可。

在回答听众的问题时，对主要问题的答案要明确，当然，对边缘问题的答案也要有所准备。不管怎样，只要有了充分的准备和灵活的头脑，即使遇到没有准备的问题，也一定能从容应对。

一场成功的演讲，听众的多少不是最主要的，关键看你是否已经准备好了。现在，如果让你面对屈指可数的几个人发表演讲，你一定不会犹豫了吧。只要你准备有加，从容应对，就一定能征服听众。

讲究风度美

演讲是一种艺术，要靠自身的魅力使听众得到艺术上的享受，而魅力又来源于风度，所以演讲者一定要讲究风度美。

俄国一位美学家说过："人的外表优美和纯洁，应是他内心的优美和纯洁的表现。"所以，演讲者的风度也应是其内在素质和外在表现的统一。

我们知道演讲是"演"与"讲"同时进行的活动。"讲"作用于人的听觉，启迪人们的心灵；"演"作用于人的视觉，给人以艺术上的享受。也就是说，演讲者要用风度美去打动听众，震撼听众。一次成功的演讲，只有必须具备以上两个条件，才能达到完美的境界。

现实生活中，人的思想、情操、文化修养和性格各不相同，因而演讲者的风度也就是各种各样的。一个不讲究风度的演讲者，是很难获得成功的。

那么，怎样才能获得风度美呢？

（1）在实践中刻苦磨炼。

演讲者的风度美，不是一朝一夕形成的，而是在现实生活中受家庭、社会以及个人经历和修养等各种因素的影响、熏陶，经过自己长期不懈的奋斗追求，自觉磨练而成的。林肯便是个很好的例证，每逢地方法庭审会，林肯都会走上 15 英里路程去听律师们的辩论。后来，当他和另外一些人一块外出在地里干活时，他就把锄头和草叉子往地上一放，爬到篱笆上，坐在那里对着众人高声复述听到的律师演讲。林肯还常常把《奎恩幽默故事》带到田间，闲暇的时候，他就跨到木栏杆上，大声地念上一两段笑话给大家听。老林肯还因此大发雷霆，狠狠给了林肯两个耳光，可林肯并没有因此放弃演讲和说笑话，反而变得更努力了，最终成为了美国历史上最伟大的演说家之一。

（2）不断加强自身修养。

所谓风度，是一个人的思想、情操、修养及其性格在外表上的体现，是一个人的举止谈吐、表情的综合反映。对演讲者来说，如果仅仅是一个空壳，没有内在气质的话，风度便失去了根基，演讲也就很难吸引听众了。演讲者要想讲究风度美，就必须要加强自身的修养，充实内在气质，力求做到"内秀外美"。

英国前首相邱吉尔，是个早产儿，小时体质很弱，毛发稀疏，智力低下。1895 年入伍，随军进驻印度，一再受到别人的嘲笑，他感到很羞耻，于是决定"从今后再也不能这样下去了！"从此，他把精力自觉用在学习上，并针对自己说话困难的缺陷，苦练演说，经过长期不懈的努力，他改变了低能结巴的状态，一跃成为著名的文学家和能言善辩的政治家，成为保守党的著名领袖，英国的得力维护者。1940 年，希特勒发动"攻英战役"，他临危不惧，充分发挥自己的智证和口齿伶俐的辩才，清除举国上下的恐惧感，显示出杰出政治家的风度，给英国人民留下了深刻的印象。试想，邱吉尔如果没有扎实的知识修养，怎能打动听众，震撼人民，说服国民呢？正所谓"知识就是力量"。演讲者只有知识渊博、眼界开阔、思维敏捷，才能树立起风度美的形象。那些不肯学习、夸夸其谈、矫揉造作的人，不但不会给人以美感，反而玷污了演讲这门艺术。

（3）加强对演讲者的训练。

我们反复强调演讲者的内在修养，它并不是短时间内形成的，而是一个长期积累、沉淀的过程。有的演讲者的风度之所以不美，就是因为他的根底不扎实，缺乏锻炼。

你想用你的风度美打动听众吗？如果答案是肯定的，就从现在开始丰富自身的内在素养吧！

4. 演讲的艺术

发表演说的适当态度

演讲中有三件事最重要："演讲人，他怎样进行这场演说，以及他说些什么。"在这三件事中，排在最后面的，重要性也就最低。因此，个人特色，在演讲中是最宝贵的财产。

现实社会中，有4种方式让我们与世界发生接触。我们以这4种接触而为人所估量、所归类：我们做什么，我们起初是什么样子，我们说些什么，以及我们怎么说。本章着重介绍后一项——我们怎么说。

（1）消除羞怯不安的心理。

要做到在听众面前自然、流畅地演讲并非易事，需要经过无数次的练习才能达到。不过，一旦你能在人群面前感觉安适随意，你就不可能再退缩。无论是在个人面前还是在人群面前，都能以正常的、平和的方式来自如地表达自己需要表达的一切。

只要达到了这种境界，你的心情就会像一只小鸟从拘禁的牢笼中挣脱，自由翱翔。人们之所以喜欢去剧院、电影院，就是因为在那里他们能见到自己的同类无所禁忌地表演；在那里他们可以见到人们感情的纵情流露。

（2）切勿模仿他人——只要做自己。

人们都非常羡慕那些著名的演说家。他们能在演讲中加入表演术，能够毫无畏惧地表达自己，能够毫无畏惧地使用独特的、个人的、富于幻想的方式来说出的话，没有两个人是一模一样的。每一个新生命，全是阳光下的一件新事物，在此以前没有和他相同的东西，以后也绝不会有。年轻人应该培养出这种观念，应该寻求独特的个性，使自己与众不同，并且能发挥出自己的价值。社会以及学校可能会企图改造你，它们习惯于把我们放在同一模式中，但你一定不能让自己的独特个性消失，这是展示你风采的最锐利武器。

对演说者而言，上面这段话尤其重要。在这个世界上，没有另外一个人是与你相同的。更没有一个人与你有相同的思想及想法，很少有人能够像你在自然谈话时那样谈话及表达自己的意见。换句话说，你有独特的个性。身为一名演说者，这就是你最宝贵的财产。你要抓住它、珍惜它、发挥它。就是这点火花使你的演说产生力量与震撼。

假若你把一枚空壳子弹投向某人，也许根本无法在那人的衣服上留下痕迹。但如果你把火药填进弹壳，再通过枪膛把它发射出去，它将会穿透任何坚硬的东西。所以，有实质内容的演说，要比缺少表情的空洞的演说更能留给人深刻的印象。

此外，演讲时，还应调整好你的表情，那就是自然、亲切。

学演讲没有捷径可走，唯一的技巧就是练习。练习时如果发现自己说起来矜持扭捏，请停下来，在心里严厉地对自己说："不行，绝对不行！清醒起来！要有人性，要自然一点。"然后假想从听众里挑出一个人——也许是坐在后排的人，也许是最不专心的人——就和这个人闲谈起来，想象他问了你一个问题，你现在正在回答他，并且你是唯一能回答他的人。他如果是站起来同你说话，而你也回答他的话，这个过程必然能马上使你的演讲像平日的交谈，更为自然、更为直接，这样练习必然使你的演讲水平飞速提高。

（3）全心投入演讲中。

在演讲中，真诚和热情也可以助你一臂之力。当一个人受到自己感觉的影响时，他真正的自我就会浮出表面。他的热烈情绪，能够将一切障碍烧毁，他的行为举止将出于自然，他的谈话也将出乎自然，他的表现也将炉火纯青。

因此，全身心投入演讲中，是演讲的最重要的技巧。

（4）练习使声音有力，且富有弹性。

时光的流逝，会使我们大多数人失去幼时的纯真和自然，我们不知不觉地落入固定的身体和声音沟通的模式中。我们说话越来越无生气，也越来越不肯用手势；我们更不会抑扬顿挫地提高或放低声音。简而言之，我们已失去真正交谈里的活泼和自然。也许我们养成了说话太快或太慢的习惯，同时我们的用词，如果不小心注意，便会凌乱疏忽。本书一再告诉你要表现自然，也许你会误认为我可以宽恕拙劣的遣词造句，或单调无聊的表达方式，只要欢呼自然即行。不是，完全不是！我说要自然，就是说要把自己的意念完整地用全副精神表达出来。好的演说家绝不认为自己再无法增加词汇，再无法丰富意象和措辞，或再无法变化表达方式，或再无法增强表达的效力。好的演说家应该是一生都在学习中。

（5）练习使演说自然。

下面，我们继续讨论使演说自然的某些要点，以使你的表演更加清楚、更加生动。

也许，当你和人交谈时，已经使用过这些原则中的绝大部分，而且你一点也不会感觉到你使用过它们，就像你消化昨晚的晚餐那样自然。这就是使用这些原则的方法所取得的效果。在演说方面，要想达到这种境界，正如我们先前已经讲过的，唯有练习这一条途径。

台风与个性决定成功

演讲人在演讲过程中的举止姿态，也就是台风和个性，是演讲成败的关键所在。若想赢得听众信任，只有表现得自然、真诚。卡耐基技术研究所曾经对 100 位著名的商界人士进行过智力测验。测验结果表明：一个人的个性在其事业成功的各种因素中占主导地位，其重要性远远胜过他智力的高低。

这项结论意义非常重大：不仅对商人、教育人士、专业人员十分重要；对演说者，更是十分重要。

一个人若想演说成功，除了事前的准备之外，个性也许是最为重要的因素了。著名演说家艾伯特·胡巴德就曾经说过："在演说中，赢取听众信任的，是演说的态度，而不是讲稿的词句。"

在我看来，这句话不够准确，除了态度之外，观念也是同等重要的。然而，个性是一种模糊而且难以捉摸的东西，就像紫罗兰的香气一般，即使是最能干的分析家也没法把握。个性是一个人肉体上的、精神上的、心理上的全部组合，还包括遗传、嗜好、倾向、气质、思想、精力、经验、训练，以及全部的生活境况。它就像爱因斯坦的相对论那样复杂，它也几乎只有极少数人能够理解。

一个人的个性是非常难以更改或改进的，因为它是由遗传和环境所决定的。但是，我们可以使它强化到某种程度，使它变得更有力量、更具有吸引力。不论如何，我们都应该努力对大自然赐给我们的这项奇异的事物做最大的利用。这个目标对我们每个人都具有相当的重要性。改善的可能性尽管微乎其微，然而我们仍然可以进行讨论及分析。

（1）演讲之前要充分休息。

在演讲前得到充分休息，是保证在演讲过程中充分发挥的前提条件。一位露出倦态的演说者在讲台上是没有吸引力的。千万不要犯这种最常见的老毛病——把你的准备工作和计划一直拖延到最后一分钟，然后再匆匆忙忙地赶着进行，企图弥补失去的时间。这样干会对你的身体造成破坏，引起头脑的疲乏。这种可能的破坏力量会拖累你，削弱你的活力，使你的头脑和神经同时变得虚弱。

假如你要在下午4点钟时向委员会发表一项重要的演说，那你就应该吃一顿轻便的午餐，可能的话，还可以小睡一会儿，以恢复精神。不管是在精神上、肉体上还是神经上，休息恰恰是你所需要的。

法拉的行为习惯就时常让她的新朋友大吃一惊，因为她常常很早就向他们道晚安，然后上床睡觉，留下他们和她的丈夫继续谈话。她知道她所从事的艺术工作需要有充足的睡眠。

但这里有一点需要你注意：在发表演说前千万不可吃得太饱。在演讲之前，亨利·毕丘经常只吃一些饼干，喝点牛奶，除此之外他不会再吃任何东西。

摩贝尔夫人说："要是我准备在晚上演唱，我就不吃午餐，只在下午5点的晚餐中吃分量很少的食物，包括一块鸡肉或鱼肉，或是甜面包、一个苹果和一杯水。每一次当我从歌剧院或音乐会回到家中时，总是发觉自己饿得快支持不住了。"

摩贝尔夫人和毕丘的做法真是太明智了。我本来开始也不理解这样做的意义，后来当我成为一名职业演说家之后，每当我在吃完一顿丰盛的大餐后要发表两个小时的演说时，我才明白其中的道理。经验告诉我，在喝完饭前酒和汤之后，马上就是牛排、炸薯片、沙拉、蔬菜和甜点；带着这样的负重感再到台上站上一个小时，到那时我不但不能保证身体的最佳状况，而且也不能尽情发挥我的台风与个性。原本应该流淌在我脑中的血液，现在全部集中到了胃部——同牛排及炸薯片战斗去了。

著名音乐家帕德列夫斯基说得好："我如果在演奏会之前随心所欲地大吃一顿，那么我身上的兽性将会占据最上风，甚至还会渗入到我的指尖，而使我的演奏遭到破坏及变得呆板。"

（2）不要忽略衣着和态度。

美国农业部曾经在其实验农场上养了几百箱的蜜蜂。每一个蜂巢都被装上一面很大的放大镜，只要按下按钮，蜂巢内部就会被电灯照耀得通亮。这样，在任何时候，无论是白天或夜晚，这些蜜蜂的一举一动都能被很细密地观察到。演说者的情况也与此类似。他也像被安置在放大镜下——被聚光灯所照射时，所有的眼睛都在看着他。在众目睽睽之下，他个人外表上哪怕是最细小的不协调之处，立刻如同科罗拉多的派克山峰展露最迷人的微笑那般醒目。

有一次，一位担任大学校长的心理学家向一大群人发出问卷，向他们询问，衣服对他们产生什么影响。结果，被询问者几乎一致表示，当他们穿戴整齐、全身上下一尘不染时，他们能清楚地明白自己穿得很整齐，而且也可以感受得到。这表明衣服会对他们产生某种影响。

这种影响虽然很难解释，但却十分明确、十分真实。得体的衣服会让他们增加信心，并提高他们的自尊心。他们发现，当他们的外表显得非常自信时，他们的思想也比较容易顺畅，他们的表达也更加容易取得成功。这就是演说者不能忽略衣着的重要性，其实，在任何场合，衣着对穿着者本人都有很深的影响。

演说者的衣着会对听众产生什么影响呢？我注意到，假如演说者是一位不修边幅的男士——穿着宽宽松松的裤子、变形的外衣和鞋子，自来水笔和铅笔都露在胸前口袋外面，一张报纸、一只烟斗或一罐烟草把西装的外侧塞得鼓了出来；假如演说者是一位女士——带着一个样子丑陋的大手提包，衬裙还露在外面，听众对这样一位演说者根本就没有信心，就好像演说者对自己的外表没有信心一样。看了他或她那个糟糕的打扮，听众岂不是也认为，这位演说者的头脑一定也是乱七八糟的，就像他那头蓬乱的头发、未经擦拭的皮鞋，或是胀得鼓鼓的手提包一样。

当罗伯特·李将军代表他的军队前往阿波麦托克斯镇表示投降时，他穿着一套整整齐齐的制服，腰边还系了一柄很珍贵的长剑。和李将军形成鲜明对照，格兰特却未穿外套，也未佩剑，只穿着士兵的衬衫和长裤。格兰特后来在他的回忆录中写道："相比之下，我肯定是个十分怪异的对象，而对方则是一名衣着漂亮的男士，身高 6 英尺，服饰整齐。"没能在这个历史性场合穿上合适得体的服饰，成为格兰特将军一生中最大的遗憾之一。

我曾替《美国杂志》撰写过一篇关于纽约一位银行家的生平故事。我请他的一位朋友说明他成功的原因。他说，这位银行家总是面带迷人的微笑，这是他成功的最重要因素。乍听之下，这种说法可能显得有点儿夸张，但我相信这是千真万确的。其他的人可能拥有更丰富的经验，而且也具备更为优越的财经判断力，但是这位银行家却拥有最随和的个性——一种其他人所没有的额外资产。

在这种个性中，他那和善、受人欢迎的微笑则是其中最大的特色之一。这种微笑能使他立即赢得别人的信心，使他马上获得别人的好感。只要是与他有过一面之交的人，都愿意看到他获得成功，并且都十分乐意对他表示支持。

中国有一句谚语叫"和气生财"。在听众面前展露笑容，岂不是和在柜台后面的笑容一样受人欢迎？谈到这儿，我记起了一件事，有一位学生参加了由布鲁克林商会主办的演讲训练班。当他出现在观众面前时，全身都散发出一股气息，好像在向台下的人表明他很高兴能来到这儿，他很喜欢他即将进行的演说工作。他总是面带微笑，而且显得非常乐意地面对他的听众。台下的每一位听众都会马上被他的这种情绪感染了，他们立即觉得他十分亲切，并且对他大表欢迎。

与之形成鲜明对比的是，我却经常看到演说者以一种冷漠、造作的姿态走上讲台，以一种很不情愿的神态来发表这次演说。等到演讲完了，就像完成一件苦差事似的。我们这些当听众的，也会很快被他的这种情绪所感染，会十分压抑地听完他的演讲。

哈利·欧佛瑞教授在《影响人类的行为》一书中写道：

喜欢产生喜欢。如果你对你的听众有兴趣，听众也会对你产生兴趣。如果你不喜欢台下的听众，不管在外表或内心，他们也会对你表示厌恶。如果你表现得很胆怯而且慌乱，他们也会对你缺乏信心。如果你表现得很无赖，而且大吹其牛，听众们也会表现出自我保护性的自大。经常的，你甚至尚未开口说话，听众就已评定你或好或坏了。因此，我有充分的理由指出，自己必须事先确信我们的态度一定会引起听众的热烈反应。

（3）把听众聚集在一起。

我常常会在下午对稀稀落落分坐在大厅内的一小群听众发表演说，也时常在傍晚对拥挤在一个狭小空间内的一大群人发表演讲。但在这两种环境下，听众对演讲者的反应是不一样的——晚上听众们听了会开心地哈哈大笑，同一个话题，到了下午却只能使听众们的脸上露出浅浅的微笑；晚上的听众会对每一段落都报以热烈地鼓掌，但下午的听众们却一点反应也没有。为什么会出现这种情形呢？

其中一个原因是，下午的听众大多是年老的妇人或小孩子，他们当然比不上晚上那些精力充沛并且比较有辨识能力的听众那样对讲题有那样热烈的反应。但这只是一部分的原因而已。

而更真实、更重要的原因是，当听众分散开来时，他们不容易受到相互感染。世界上再也没有比那种场地里空空的和听众之间空了很多椅子更能浇灭听众的热情了。

当一个人置身于很多听众之间时，他很容易将自我看得特别重要，而成为这些听众中的一分子的感觉。这当然比他单独一个人时更容易受到影响，他会不由自主地随大众的气氛，时而开怀大笑，时而热烈鼓掌。但假如他只是听你演说的五六个听众中的一个，虽然你对他说的仍然是同一内容，但由于气氛太冷清，他会对此无动于衷。

当很多人处在某一环境中时，你很容易令他们发生反应；相反，如果你要令一个独处的人有所反应，就比较困难了。比如，当男兵们前往战场时，他们一定会采取世界上最不顾一切后果的行动：他们希望大家聚成一团。在第一次世界大战期间，德国士兵上战场时，互相要紧握住同伴们的手不放。

假如我们要向一小群人发表演讲，就应该去找一个小房间。把听众塞进一个狭小的空间，强过让他们散在宽广的大厅里。假如你的听众坐得很分散，就请他们挪到前排来，坐在靠近你的位子上。你一定要坚持让他们挪过来后再展开你的演讲。

演说者一般不要站到讲台上去，除非听众相当多，并且确实需要演说者如此，否则千万不要这样做。你可以下台去与他们站在同一高度，站在他们身边，这样可以同听众拉近距离，而非给人造成一种权威的感觉，这能使你的演说达成非常好的效果。

（4）注意演讲场所的环境。

在演讲场所，保持空气的新鲜是很重要的。在演说的过程中，氧气的供应是非常重要的基本要素。不管是怎么动人的演说，也不论是音乐厅里如何美丽的女高音，都无法使置身于恶劣空气中的听众保持清醒。所以，当我置身于一个空气不怎么清新的环境中发表演讲时，在开始演讲之前，我总是要请听众们站起来先休息两分钟，同时把窗户全部打开。

保持场所内光线充足也是影响演说成功与否的另一个要素。除非你是在一群人面前表演招灵术，否则，应尽可能让房间里的光线保持充足。要在一个像热水瓶内部那样半明不亮的房间里激发起听众的热烈情绪，就好像想要驯服野鹌鹑那样困难。

让灯光照在你的脸上。人们渴望看清楚你的面容。在你五官上所产生的那种微妙变化，是自我表现的一部分，并且是最为真实的一部分。有的时候，这种五官表现更甚于你的言语表达。假如你站在灯光的正下方，你的脸孔上可能会有阴影；假如你站在灯光的正前方，你的脸上肯定也会有阴影。所以，在你站起来演讲之前，先选定一个光线最佳的地点，这岂不是一种很聪明的行动吗？

千万不要躲在桌子后面。听众渴望看到演说者的全部面貌。你是否发现，有的人为了把演说者的整个人看清楚，他们甚至会从座位上探出头来。

一些好意的演讲组织者肯定会替你准备一张桌子，一个水壶和一个杯子。实际上，假如你的喉咙很干，可以考虑拿一点盐含在口里，或尝一点柠檬，它们会令你的唾液再度流出来，并且流得很多。

在我的思维中，在演说者的后面不应该有任何吸引听众注意力的东西，在他的两边也不能有任何这类东西。也就是说，理想的布置除了一幅深蓝色的天鹅绒幕布以外，不要放置任何家具，或其他类似的东西。

但是，看一看，一般演说者的背后通常都有些什么东西呢？地图、图表及桌子，或许还有很多积满灰尘的椅子相互放在一起。这会造成什么影响呢？气氛被破坏了，变得粗俗、凌乱及不协调。因此，你一定要把没用的东西全部清理掉。

亨利·毕丘说："演讲中最重要的东西，就是演讲者本人。"

所以，你一定要让演说者在整个会场显露出来，要像白雪覆盖的少女峰峰顶和瑞士的蔚蓝天空相互辉映那般突出。

有一次，我到加拿大安大略省的兰登市，刚好碰上加拿大总理在当地演讲。在他演讲时，却有一名工友拿着一根长木棒从这个窗户走到另一个窗户，在一一调整窗子的开合。可想而知，影响非常坏——听众几乎一致地暂时忘记了台上的演讲者，转而去看那位工友，就像他正在表演什么魔术似的。

不管是听众还是观众，他们都无法抵抗向移动物体望去的诱惑。演说者只要能够不忘记这一真理，他就能使自己免于一些困扰和不必要的烦恼了。

第一，他应该克制自己，避免做一些吸引听众注意力的小动作，例如玩弄自己的手指、拉动衣服或是做些能减少紧张的小动作。

任何不能增加你的演说分量的动作都会减少听众对你的注意力。在演讲会场，是没有任何动作不会吸引听众注意力的。所以，当你站立着时，必须保持静止的状态，控制好你的身体，这样才会使你在听众面前产生一种能控制心理的、泰然自若的感觉。

第二，假如可能的话，演说组织者应该把听众的座位作适当的安排，使他们不会看到迟到的听众进来，这样可以防止他们分散注意力。

第三，演说者不应该安排贵宾坐在讲台上。几年以前，雷蒙·罗宾斯在布鲁克林发表一系列的演说，他邀请我和另外多位贵宾一起坐在讲台上，我拒绝了。原因是，这样做对演说并不好。第一天晚上，我看到很多位贵宾挪动身子，以及把一条大腿放到另一条大腿上，然后又放下来，等等。每一次，他们之中只要有任何一个人稍微挪动一下，听众就会把注意力从演说者身上移到这位宾客身上。第二天，我把这种情形告诉了罗宾斯先生，请他注意。于是，在以后的几个晚上，他很明智地单独一个人站在了讲台上。

演说者怎么可能允许在他演说时有一个动个不停的人面对听众坐着呢？正如比拉斯为了避免听众的注意力分散，甚至不允许在舞台放置红色的鲜花。

（5）保持良好的姿态。

在演说之前，演说者一般不要坐着面对听众，另外，应该以崭新的姿态到达会场。

可是，如果我们必须先坐下来，也要十分注意我们的坐姿。

一般应先用脚背碰一下椅子，并使自己在内心的完全控制下，让整个身子从头部到臀部都保持轻松的直立姿势，然后慢慢坐下去。

当你准备站起来向听众发表演说时，不要匆匆忙忙地开口。这是业余演说家的通病。你应先深深吸一口气，对着你的听众大约望一分钟的时间，假如听众席上还有嘈杂声或骚动，就暂时停下来，等到一切平静为止。

从你步入演说会场时，你就要注意挺直你的胸膛，这种姿势会让听众感觉你非常自信，让听众从你这儿感受到一种力量。当然，也不是说当你站在听众面前的一霎时就能站立得笔直，你应该每天都这样练习，只有这样，当你站在听众面前时，你才会很自然地挺起胸膛。

卢瑟·克里克在他的《有效率的生活》一书中说："每10个人当中，我们也找不出一个能令自己保持最佳姿态的人……你一定要使颈部紧紧贴住衣领。"他提议人们每天从事下述这种练习："缓慢地吸气，但要尽量用力。与此同时，把颈部紧紧贴住衣领。即使这一套动作非常夸张，对你也只会有益而无害。这样做的目的是为了使介于两肩之中的背部能够挺直，同时也会使胸部加厚。"

如何摆放你的双手呢？最理想的摆放姿态，便是将它们很自然地下垂于你身体的两侧。这样才不会引起人们的注意，就是最吹毛求疵的人也无法批评你的这种姿势。当然，如果需要，你还可以自然地打出各种强调性的手势。

如果你不能做到这一点，感到它们就如同一大串香蕉似的，千万不要认为没有人会去注意它们，或是没有人对它们感兴趣。

但是，如果你发现，把它们放在你背后、插入口袋中，或是放在讲桌上，能够令你减少紧张的情绪，你该怎么办呢？运用你的常识去判断。我曾经聆听过我们这一时代许多有名演说家发表的演说。他们之中的许多人在演说时，会偶尔把手插入口袋中，布莱安、德普、罗斯福总统都曾这样做过，就像英国政治家狄斯雷利这样注重仪态的绅士，有时候也会向这种诱惑投降。

但是，如果一个人准备演讲的内容是有价值的，并且他也能很有说服力地说出来，那么，他究竟如何处理他的双手或双脚，那当然是小事一桩。只要他的头脑充实，心中热情澎湃，那么，这些次要的细节大都是可以自行解决的。毕竟，发表演说最重要的部分是内容，而不是手或脚的姿势问题。

实际上，运用手势的最理想方式，就是让你的思想与情感达到一致。如果能做到这一点，你将发现，你的手势同样富有渲染色彩，令听众难忘。我无法替你举出任何姿势的法则，因为一切决定于演说者的气质，决定于他准备的情形、他的热诚、他的个性、演说者的主题、听众，以及会场的情况。

不过，我这儿仍有几条建议，或许对你有点用处：不要重复使用一种手势，否则会使人产生枯燥、单调的感觉；不要使用肘部做短而急的动作；由肩部发出的动作在讲台上看来要好得多；手势不要结束得太快；假如你用食指强调你的想法，一定要在整个句子中维持那个手势，一般人都会忽略这一点，这是很普通但也是很严重的一则错误。这种错误会减弱你所强调的内容，而相形之下，一些不重要的事情反而会变得仿佛很重要，而使真正的要点却显得不重要了。

当你在听众面前进行演说时，如果你能全身心投入到演说中去，顺其自然而做出的手势最理想。当你在练习时，假如必要的话，应强迫你自己做出手势。因为在台下，当你强迫自己这样做时，会显得十分清醒而刺激，不久，你的手势将会自然而然地表露出来。

请记住一点，把所有关于演说姿势的著作统统扔进垃圾桶，你是无法从书本上学会手势的。当你在演讲时，你自己的冲动和欲望才是最值得听众信任的，比任何教授所能告诉你的任何法则都更具有价值。

假如你忘记我们对手势所做的一切说明，而你又将上台演说，你应该怎么办呢？很简单，把全部心思都放到演说上去。如果一个人如此专心于思考他所要说的内容，并如此急于把他的意见表达出来，以致于他忘记了自己的存在，谈话和举止皆出于自然，那么他的手势及表达方式将不会受人批评。假如你对此有所怀疑，你可以走向某人，一拳将他打倒。你将发现，当那人站起来之后，他将会对你说出一段几乎无懈可击的完美谈话。

演讲要有技巧

学习当众有效地讲话，可以使你的自信心倍增，可以克服以前所有的恐惧。然而，如何在众多人面前发表演说，并不是一件轻松的事情，即使是职业的演说家，也从不否认这一点。你也许会问，有没有一些方法和技巧可循呢？

第一，演说者要选择有利的场所。一般的场所，地方小，听众集中，对演说有利，若场所太大，听众东一个西一个的，是很难引发听众产生共鸣的，演讲的效果自然也不会好。

第二，演说者应注意服饰、神态。听众对演讲者的注意是多方面的，包括服饰和神态。要想不使听众分散注意力，就要做到神态自若，不穿奇装异服。

第三，演说者要控制声音的力度，努力使其富有弹性。我们往往用固定的声音发表演说，无意中便失去真正交谈里的活泼和自然。同时，听众也失去了对你演讲的兴趣。而出色的演讲家则懂得如何用充满磁性的声音吸引听众的注意力，以增强演讲效果，获得演讲的成功。

第四，不要总将目光集中在一个目标上，在演说者的脑海里，应将会场分成几个部分，逐个地巡视，密切关注听众的反应。

第五，内容尽量具体化。多加以事实、轶事，引用鲜为人知的数字，不要没完没了地讲一大堆抽象理论，没有哪个听众喜欢听这些无聊的东西。

第六，切忌照本宣科。力争将稿子内容印到脑子里，拿到手上的至多是提纲一类。

第七，谈吐要幽默。时不时地插一些不伤大雅的笑话，使听众哑然失笑，解除疲倦，这对吸引听众的注意力非常有效。

第八，开门见山，结尾有分量。好的演讲一开始就能吸引住听众，方法就是开门见山。结尾最好说得轻松、幽默、有分量些，从而给听众留下回味暇想的空间。

据我的学员反馈，以上这些技巧帮了他们很大的忙，使他们在当众说话时再也不会出现以前的尴尬局面了。相信以上几点对你也会有所帮助。

演讲要扣人心弦

成功的演讲家，无一不是具有活力和精神抖擞的人，有一般人所不及的爆发力，能把内心的情绪爆射出来，并强烈地感染听众。这就是人们常说的演讲要具有鼓舞性。演讲者只有牢牢地吸引住听众的注意力，才能彻底征服他们的心。总之，演讲者要在演讲现场努力营造一种犹如磁场般的向心力。利器何在？就在语言中！

首先，你的语言必须不是废话。你必须明白，台下的听众不是为听你的废话来的，而是要倾听你的见解，有新意的见解！如果你想获得演讲的成功，你就得先竭力使自己的话确有非说不可的必要。

其次，你的语言必有独特的见解且赋予情感。有一位练习说话的青年，他的脑子里有不少五花八门的题材，然而他每次讲起来，却是死板而了无生气，原因在于他无法将藏在脑中的题材和热烈的兴趣相结合、串连起来。也就是说，他缺乏一种精神的活力。他对自己要讲的东西，总觉得好像没有叙述的必要，自然听众也就感觉不出它的重要性。人们常常为此而提醒他改进，但结果都毫无起色，只得请教于职业演讲家。

他们告诉这位青年，他所准备的方法是错误的，并告诫他，理智和情感必须互相沟通。在演讲时，不应该只是报告一些事实，还要带入自己对这些事实的态度和见解。

此后不久，这位青年的演讲果然有了新意，能够将有价值的意见讲出来了，并能以这意见来左右在叙述事实时的语言情感，在演讲的时候诱发出无限激情。

因此，一场高水平的演讲，绝不是只把一些单调的字句写在纸上，或是在报纸杂志中摘取一些人家的佳句，而应该从自己的内心深处发掘真正属于你自己的语句和热诚。

再次，内容必须是听众的兴趣所在而不是你的，许多人之所以演讲效果不佳，就是因为他们只注意谈自己觉得有意思的事情，而这些事情，也许别人不仅不感兴趣，甚至还非常讨厌。如果把方法反过来应用，由你去引导别人谈他们觉得有意思的事情，例如关于他的特长，他的成就等。如果对方是一位已有孩子的母亲，你不妨跟她谈谈她的孩子。这样的做法，会给人家一种亲切的感觉。即使在谈话中，你的意见不多，你的谈话也将被人认为是成功的。

与人谈话时，要是只讲一些呆板式的理论，必定会令人生厌，讲一些普通事，也很难抓住听众。以小孩子为例，要使他们感兴趣，就一定要讲一些关于人或拟人法的故事。如果你讲的是抽象不切实际的事，那七八岁的孩子肯定会在座位上顽皮起来，他怎么会坐得住呢？

如果演讲家讲述内容丰富的人生故事，那一定是非常丝丝入扣的。演讲者应该提出几条恰当的提纲，讲完之后，引用实例来详加解释。可能的话，最好还要讲述他们的奋斗史，讲他们怎样在奋斗中获得胜利的故事，因为"战斗"和"竞争"是大多数人都感兴趣的内容。

一个人在事业上努力挣扎而获得成功的故事，一定是永远动人心弦的。可见世上最好的故事题材，是每一个人在人生中的真实经历。谁不曾有过奋斗和挣扎呢？如果他的故事是真实的，讲出来一定可以和听众产生共鸣的。

第四，你的文字必须给听众以美感。在许多足以引人入胜的方法中，有一种十分重要的技巧，常常被人忽略了，即使是一个演讲者，往往也不易感觉到，或是他们根本没有去思索过。这种技巧是指什么呢？那便是所谓的"充满诗情画意的字句"。

一位出色的演讲家会使他的话语活灵活现，像一幕幕影像浮现在听众的眼前。而那些不善于讲话的演讲者，只是笨拙地用模糊平淡的一些形容，让你催眠入睡。英国一位大哲学家曾说过，能够像图画般鲜明的文字是有一种超能力，足以吸引人们的注意。一般的作家以为叙述某一件事是多余的，可是莎士比亚怎样表达他同样的意思呢？他用了像画一般不朽的文字。他说："把真金再镀一层，把百合再染色，把紫罗兰再洒上香水"。这真是如成语所说的那样，起到了"画龙点睛"的效果。

林肯是惯用可视化语言的代表之一。当他在白宫被长而繁的各种报告所困扰的时候，他说："如果我派一个人去代我买一匹马，我并不希望他来报告我那匹马的尾毛共有几根。"这是一句生动得像画一般的字句，恐怕会让你终生都难以忘记吧。

第五，研究你所要影响的那些人的建议。请听一位编辑的经验。他先将读者分类，然后派人与各类的读者交谈，咨询他们在报纸中注意哪些版面？最喜欢哪方面的内容？然后将这些讯息加以综合分析，最后根据得出的结论去采访和编发新闻。他说："我们正在黑暗中射击一些变幻不定的东西，倘若我印发了一份只有我自己喜欢的晚报，那读者会全部跑掉的！"

而另一家报纸编辑则常常混杂在熙熙攘攘的人群中，漫步在市井小巷听人们闲聊，或是在人群边驻足休息，很敏锐地静听他们谈话的内容，从中往往能发现一些具有轰动效应的稿子线索。

这些成功的人，都是这样巧妙地运用各种方法，去研究他所要影响的那些人，就像那些商品生产者潜心研究市场一般。在日常生活工作中，你要想使出高超的沟通能力去影响他人，或是想写出一篇演讲稿以真正打动听众的心，秘诀就是探索别人的意见，然后永远地牢记在自己的心中！

要把意念表达清楚

无论在何种场合，演讲一定要把演讲的意念讲清楚，使人明了。但是，许多演说者从来没有把意念讲明白过。其实，很容易做到这点，正如陆德威·魏根斯坦所说："凡是可以想到的事情，都是可以清楚地思考的。而凡是可以说出口的事，也都可以清楚地诉说。"这里有些建议，可以使你清晰而精确地使用语言，令听众能毫无困难地了解你。

（1）限制题材以适合演讲的时间。

有一次，威廉·詹姆斯教授在向教师们发表演说时指出，一个人在一次演说中只能提出一项要点。而他所谓的一次演说，是以一小时为限。可是，我最近听过一位演说者的演说，按照规定，他只能演说3分钟，但他一开头却说，他想要提出11项要点请我们注意。不可思议吧，说明每一个要点平均只有16秒半的时间。真让人难以相信，一个聪明的人居然想做如此明显的荒谬之事。

当然，这是个极端的例子。然而那种方式的错误倾向，就算不到那种地步，也会妨碍到演说的效果。他如同一个导游，带着观光游客一天之内便将巴黎参观完。这样做不是办不到，就像你也可以30分钟就走完美国国家历史博物馆，但是清楚和享受就免谈了。许多演讲之所以失败，是由于演讲者要在所分配的一定时限内，涵盖的题材竟然可以创造一项世界纪录。效果如何呢？他如同一只敏捷的山羊，飞快地从这点又跃至那点。

假如你一定要谈论你的题目的好几部分，我建议你在结束部分作一简要的总结。即使一些经验丰富的演说者，也会犯一样的错误。也许他们身具多方面的才华，以致见不着精力分散的危险。你不必像他们一样，你应该紧守着自己的主题。

（2）依次安排意念。

在安排题材方面，或按时间顺序，或按空间顺序，或按特别的话题，避免混淆不清。例如在时间的顺序上，也许可依过去、现在、未来三方面来考虑自己的题材，也许可以从某一天开始，然后由那一天往回溯或向前推。

在空间的顺序上，可就某个中央点来安排你的意念，然后由中心向外发展；或者你也可依方向来处理题材，如北方、南方、东方和西方。

（3）列举重点。

在演讲过程中，为了使演讲明白，给听众留下井然有序、条理分明的印象，最简单的方法之一就是列举重点——先讲这一点，接着再讲另一点。

（4）将陌生与熟悉相比较。

有时你也许辛辛苦苦忙碌了半天，结果仍旧无法将自己的意思解释清楚。这件事你自己明白得很，可是要使听众也一样对它明了，就要进一步解说。怎么做？试试把它与听众确实了解的事情相比较，试说这一件事像另一件，说这件陌生的事像听众所熟悉的事情。

亚里士多德曾有忠言："思维如智者，说话如常人。"假如必须使用专业术语，等到已向听众解释过以后再用，这样便能使人人都懂得演讲主旨，特别是你一用再用的关键词。

（5）使用视觉辅助。

想要清楚地表达，你应该生动地描述你所说的重点，并把它具体化。你可以展示图片或展示实物。在利用展示物时，请按以下建议，保证能获得听众的注意。

在展示之前，应把展示物放在听众看不到的地方，要用时再出示。

使用的展示物应该足够大，令最后一排都看得见。如果听众看不见展示物，就无法达到展示具体物品所带来的效果。展示时，要把展示物品放在听众看得见的地方。

不要忘记，一项能打动听众的展示物，胜过十样打不动听众的东西，若是技术上可行，示范一下。

展示物品时，讲话要看着听众，不要瞪着展示品，你是要与听众沟通，不是要和展示品沟通。

展示物使用完毕，应尽可能收起，不要让听众再看见。

有人建议将展示物做"神秘处理"——将它放在一张桌上,你演讲时就把它置于身边,把它盖住。当讲话时,多提它几次,这样会引发好奇心——不过别说它是什么。我个人认为这样做很不好,因为在你揭开盖布之前,听众因为好奇、悬疑,会将注意力放在"神秘物"上,而错过你所演说的内容。

用视觉材料来增进演说明晰策略,已显得越来越重要。除了有备而来,在听众面前把自己脑子里所想的,讲给他们听,又展示给他们看,此外没有良好的法子可以保证听众听得懂。

作简短演讲以获取行动

无论任何演讲,演讲的目的一定都有着 4 种主要目标中的一个。这些目标是哪些呢?

其一,说服或获取行动;

其二,讲明情况;

其三,增强印象,令人信服;

其四,欢愉人们。

我们分别在芝加哥、洛杉矶和纽约举行会议,向我们所有的老师请教。他们当中有很多人,是在名牌大学演说系任教的。还有一些人,在事业上占着举足轻重的地位。另有一些人,则来自正在快速扩展的广告促销界。我们希望结合这些背景和智慧,想出演说结构的新方法——一个合理的、能反映出我们时代所需要的、合乎心理学的方法,保证使你在两三分钟内打动听众,使他们接受你的建议,采取行动。

执著的追求终于有了回报。从这些讨论当中,终于产生了演讲结构的"魔术公式"。

这个"魔术公式"很简单,其成功的模式如此:

第一,开始讲时就把你的实例的细节告诉人们,生动地说明你希望传达给听众了解的意念;

第二，以详细清晰的言辞说出你的论点；

第三，陈述缘由，也就是向听众强调，他们如依你所说的去做，会有什么好处。

这个演讲模式很适合如今快节奏的生活方式。听众都由忙碌的人们组成，他们希望演讲者以率直的语言，一针见血地说出要说的话。他们习惯于消化了的、浓缩了的新闻报道，令他们不必转弯抹角便能直接获得事实。

这套"魔术公式"也可利用于写商业书信和对员工工作指示。母亲可以利用它来激发孩子，而孩子们也会发现借它向父母要求事情很灵。你会发现它是一把心理利器，在每日生活当中，你可以用它把自己的意念传达给别人。即使在广告界里，"魔术公式"也是每天都用到的。

下面我们具体讨论一下这个"魔术公式"：

（1）举出来自自己生活里的一件事例。

在演讲中，描述曾经给予你启示的一个经验，应占去演讲大部分的时间。心理学家说，我们学习的方式有二：一是练习律。依照此律，一连串的类似事件会导致行为模式的改变。二是效应律。依照此律，单一的事件便可能有强烈的震撼力，并造成我们行为的改变。我们肯定都有过这种不寻常的经验，无须费时去苦苦搜寻，它们就在我们记忆的表面。我们的行为大部分受到这些经验的引导。把这些事件逼真地重新架构起来，就可把它们变成影响别人行为的指南。由于人们对字句的反应方式与对起初事件的反应方式极为相同，所以我们能够很容易做到这一点。因此，在演讲里举例的部分，务必将自己经验里的某部分重新再造，使其对听众产生和自己原先感受相同的作用。这样，你便有责任澄清、加强你的经验并使之戏剧化，使它们让听众觉得有趣、有力。为了使你举例的步骤清晰有力，具有意义，我有如下建议：

第一，根据单一的个人经验举例。一件曾经教导你永久不忘的教训，是说服性演说必备的第一要素。利用这种事件，就可以打动听众去行动——听众会这样推理，如果你会遇到，他们便也可能遇到，那么最好是听你的劝告，做你要他们做的事。

第二，演讲之初便举出事例中的一个细节。在演讲中，为了马上抓住听众的注意力，要把举例作为演讲的第一步。有些演说者没能一张口便获得注意，多是由于开讲的字句只是些陈词滥调，或支离破碎的道歉语，那是不会吸引听众的。

在开口讲话之时，可以使用世上最古老的获取注意力的沟通方式——何人、何时、何事、何地或何故？"从前"是个魔术字眼，它打开了孩童式幻想的闸门。采用这相同的人情趣味方式，你也能一开口就捕捉住听众的思想。

第三，使事例充满切题的细节。假如你谈的是如何观赏风景，或抵达目的地后在何处过夜，就只会掩蔽了重点，分散了注意。

不过，最佳的方法便是将切题的细节隐藏于具体、精彩的言语中。可按其发生情况重造当时情景，使其如画般展现于听众面前。

第四，叙述时务必使经验重现。重叙事件时，在其中放入愈多的动作和激奋的情感，就愈能给听众留下深刻印象。演讲无论多富于细节，演讲者若不能以再现当时情景的讲述，演说最终也是软弱无力的。

当你用事例的细节做好铺垫之后，便是做直截了当的宣讲的时候了。这与报纸正相反，你不是先说标题，而是先说故事，再以自己的重点或对行动的请求作为标题。这一步借三条法则而进行：

第一，要清楚地告诉听众，你想要他们做什么，使重点简短明确。人们只会去做他们所清楚了解的事情。因此，你必须自问，现在听众是否已经明白了你要他们做什么。一个很不错的主意，便是把重点像写电报文般写下来——设法减少字数，使自己的言辞尽可能清晰、明白。

第二，使重点明确易做。无论问题是什么，无论是否为人所争论不休，演讲者都有责任使自己对重点的措辞容易让听众了解和行动。最好的方法之一就是要明确。

第三，陈述重点时应有力且满怀信心。重点是演讲的主题所在，因此应有力而信心十足地把演讲的重点陈述出来。标题的字体要特别显著突出，你对行动的请求也应借口头的激烈和直接而予以强调。你的请求不应该有不确定或无信心的语气，游说的态度应持续到最后一词。

（2）说出缘由或说出听众可能获得的利益。

在这个步骤中，你提出自己的动机，或听众依你在"重点"中的要求去做会有什么回报。但请记住，在这里简短依然很有必要。

第一，确使缘由与事例切题相关。在"获致行动的简短演讲"中，你应该做的，是用一两句高潮性的话语将好处说出，然后坐下。但是，有一点很重要，就是你所强调的好处是应由所举的事例引出的。假如你叙述自己买旧车省钱的经验，然后又力劝听众买二手汽车，就应该在缘由中强调，他们买二手车也可以享受到经济的好处，切不可偏离事例，告诉听众有些旧车的样式比最近的汽车好。

第二，要强调一个而且是唯一的缘由。推销员可以提出半打理由，告诉你为何应该购买他们的产品；他也能举出好几个理由来支持自己的论点，而这些理由全都与你所使用的事例有关。但是，最好还是选一个最特殊的缘由或利益。说给听众的最后几句话应该清楚明确，如同刊在全国性杂志上的广告词——没有哪个广告试图一次推销一种以上的广告或意念。

另外，还可以用展列、展示、引述权威、比较和引据统计数字等方式来建构事例。本章中的公式仅限于个人式的事例，因为在"获致行动的简短演讲"中，这套公式是目前为止最有趣、最戏剧性，并且最富具说服力的方法。

善用幽默打动听众

幽默是实现人际顺利沟通的润滑剂。演讲者通过"演"和"讲"与台下的听众进行交流，适当的幽默往往会起到锦上添花的作用。

如果你希望受到听众的注目，希望演讲获得成功，那么你就应该学会和听众来点幽默，在笑声中增进沟通。幽默像春风一样，表达着你的真诚和温情。幽默宛如一座桥梁，是沟通人心灵的桥梁。幽默者最有人情味，听这样的人演讲，每个人都会感到快乐。

深受人民爱戴的林肯总统的容貌很难看，这是讨人喜欢的一个障碍。他认识到这一点，但并没有回避它，反而利用它拉近了与人们的距离。一次，他的论敌说他是两面派。林肯平和地说："现在，让听众来评评看，要是我有另一副面孔的话，您认为我会戴这副难看的面孔吗?"幽默，显示了林肯对自己的达观态度，体现了他的真诚，赢得了人们的理解与尊重。

（1）幽默是人际沟通的润滑剂。

幽默能使激化的矛盾变得缓和，能使人从尴尬的局面中解脱出来。

一位女青年本想在自己的订婚宴会上给未婚夫和亲友留下一个好印象，但由于心情紧张，碰倒了灯架，灯架又碰倒了小桌，她也跌跌撞撞地摔倒在小桌旁，弄了个四脚朝天，臊了个大红脸。站在一旁的未婚夫见她未受伤，便插了一句俏皮话："亲爱的，没关系，原来你也会玩多米诺骨牌!"前来祝贺的亲朋好友都笑了起来。

本来这是一件令未婚夫很尴尬的事情，在这时如果置之不理或埋怨都会令人不快，不光是前来贺喜的亲朋好友，也包括这位女青年。而未婚夫的一句幽默之言，不仅缓和了使人难堪的场面，而且给未婚妻留下了一个有幽默感的好印象。演讲者凭借幽默的力量，打碎自己的外壳，主动地与听众沟通，触摸一颗颗有隔膜的心，通过幽默人们往往能感受到你的坦白、诚恳与善意。

演讲时，如果过于严肃往往给人一种戴着假面具的感觉，也似乎只能让人了解你的外表，却无法探知你的内心，这样的交流是极难深入下去的。因而没有心灵沟通的演讲，不能算成功的演讲。幽默能够让人们看到你的另一面，本真的、人性的、纯朴的一面。

有一次，英国首相、陆军总司令丘吉尔去一个部队视察。天刚下过雨，他在临时搭起的台子上演讲完毕下台阶的时候，由于路滑不小心摔了一个跟头。士兵们从未见过自己的总司令摔过跟头，都哈哈大笑起来，陪同的军官惊慌失措，不知如何是好。丘吉尔微微一笑说："这比刚才的一番演说更能鼓舞士兵的斗志"。效果的确如丘吉尔所戏言的，士兵们对总司令的亲切感、认同感油然而生，必定会更坚定地听从总司令的命令，去英勇作战。这便是幽默的极大魅力。

（2）幽默也是一种能力。

演讲时，幽默口才就如同金子一样在闪闪发光。那幽默话语是怎样形成？它的产生靠哪些条件呢？

第一，要有高尚的情趣和乐观的信念。一位伟人曾说过："幽默是表明人们对自己事业具有信心并且表明自己占着优势的标志。"幽默的谈吐是建立在说话者思想健康、情趣高尚的基础上的。它对人提出善意的批评和规劝，它必须要求批评者有较高的思想境界和较高的涵养性。一个心地狭窄，思想颓唐的人是不会幽默的。幽默永远属于那些热心肠的人，属于那些生活的强者。幽默者品德要高尚，要心宽气朗，对人充满热情。

第二，要有较高的观察力和想象力。幽默的谈吐具有反应迅速的特点，这就要求说话者思维敏捷、能言善辩，而这些又来自于对生活的深刻体验和对事物的认真观察。只有具备敏锐的观察力和丰富的想象力，才能使你的演讲更富幽默。

第三，要有较高的文化素养和语言表达能力。幽默的谈吐是人的聪明才智的标志，它要求有较高的文化素养和较强的驾驭语言的能力。一个人语言修养高、文化知识丰富，对各种各样的事情都有所了解和掌握，再加上词汇丰富，语言表达方式灵活、多样，这样他平时讲起话来就会得心应口，自然就容易活泼、生动、有趣。

幽默的魅力神奇无比，世界上没有哪一个人不喜欢风趣幽默的语言。对演讲者来说，它更是必不可少的制胜法宝。

记住，幽默只是手段，并不是目的，只有运用得好，才会令你的演讲熠熠生辉，征服台下所有的听众。

必须丢开勉强的幽默

一个初次登台演讲的人，总以为他应该像一个演讲家那样把幽默展现给听众。也许在平时他的言行庄严得像本百科全书，但是，当他面对听众要讲话的时候，便好像将幽默大师的精神传给了他一样，一开始就很想讲一则幽默故事，尤其是在饭后举行演讲更易发生这种情形。结果，他自以为十分得意的作品，竟会使听众感觉好像读字典一样地乏味，像这样的演讲，怎么能吸引听众的注意力呢？

在整个演讲中，没有比引起听众高兴得发笑更为困难的事了。幽默是一种十分微妙的东西，和一个人的个性有着密不可分的关系。有的人生来就有这种天分，但有的人却没有。一个没有幽默天分的人，如想勉强装得幽默，正如一个蓝眼睛的人想把他的眼睛改成黑色一般不可能。

你要记住，一个故事的趣味不在于故事本身，而是要看讲故事的人是怎样说的。没有谁是靠模仿别人而取得成功的。林肯当年在伊里诺州第八司法区的旅馆中讲了几则故事，人们跑了几英里来听，坐了一整夜而不倦，据目击者说，时常有人笑着从椅子上倒下来。但是这里有一篇故事，就是当年林肯常常讲的，而且每次都要博得不少的喝彩，你不妨暗地里独自试读一遍，看看能不能使你自己大笑起来："有一个旅客，要想经过十分泥泞难行的伊里诺州的草原回到家里去，中途忽然遇到了暴风雨。天黑如墨，大雨倾盆，好像天上的河堤决了口一样；隆隆的雷声从笨重的乌云中发出，宛如火药库的爆发，接二连三的闪电照耀着草原，露出许多被骤雨摧折了的树木。雷声愈来愈响，震耳欲聋，最后，他突然被一个巨大而更可怕的雷声吓得跪倒在地。他平常是不祈祷的，然而在这时候，他却喘息着说：'啊！主啊！如果雷声和闪电对你来说是一样的，那么，请你多给我一些光亮和闪电，少给我一些可怕的雷声吧！'"

如果你对自己的幽默天分毫不怀疑，那么你就应该努力培养你的这份天分，使你无论到什么地方去，都会受到听众的欢迎。但是，如果你的天分不属于这方面，你硬要去求幽默，不但不会为演讲添彩，反而弄巧成拙，成为别人的笑料。先天的不足并不可怕，可怕的是你没有认清自己究竟属于这两种中的哪一种。没有天分，后天努力也可以练就，但你连自己有没有幽默天分都不清楚就去幽默，你的演讲注定是要失败的。

如果你读过林肯的演讲的话，你一定会对他们所讲的那些故事，尤其是他们在演讲开始所讲的几句妙语，惊奇赞叹。我的一位演讲家朋友告诉我，他从不曾为了只想幽默而讲过一则故事。许多的幽默演讲家都为自己定下一个戒条，在开始演讲后的 3 分钟内绝不讲述故事。这个戒条，已成为众多演说者的信条。

如此这般，那演讲的开头，是不是就应该严肃得像一只巨象一样的呆笨呢？绝不是这样，如果你能够，不妨在开头先引用几句其他演讲家说过的话，或是谈一些涉及当时情景的事使大家发笑，或是故意夸大地去批评一些矛盾的故事，这样，比起引用平常那些引人发笑的故事，往往更容易吸引听众的注意力。

众所周知，林肯在做总统之前是个很出名的律师，一次他替一位妇人辩护，为她争取抚恤金，林肯结束了这段雄辩后，听审的人中有的竟流出眼泪来了，大家一致主张万万不能让人剥削那老妇的抚恤金。林肯不但代她做了保人，代她付清旅馆房租，以及回家的车费，并且代付了她的诉讼费。

几天之后，林肯的律师同伴在地上拾得一张破纸，就是那次雄辩的草稿，他读了以后不禁大笑。

那纸上写的是："没有合同——不该索取手续费——无理的勒索——被告霸占款项不给原告——美国革命战争——描述锻铁谷的惨状——原告的丈夫——怒斥被告——结论。"这就是幽默的力量，运用得好，真有出奇制胜的功效。

一定要牢记，人的才能是不一样的，有的会幽默，有的不会幽默。不会幽默的，则不必强求，要是故作幽默，只会弄巧成拙，引来嘲笑。丢开勉强的幽默吧！用真诚的话语去感染每一位听众。

说服性演讲

一次，有一群人发现自己竟置身于风暴的通路上。其实，这并不是真正的风暴，但用"风暴"一词形容也并不为过。说的再明白些，这风暴是个名叫毛里斯·高柏莱的人。其中的一位做了如下描述：

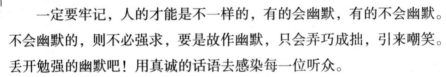

在芝加哥的一家餐厅，我们围坐在一张午餐桌旁。我们素闻此人的大名，说他是个雷霆万钧的演说者。他平静地开始说对我们的邀请表示感谢。他说，他想谈一件严肃的事，如果打扰了我们，还望见谅。

接着，便有一股"龙卷风"向我们袭来。他倾身向前，双眼将我们死死地盯住。他并未提高声音，但我却似乎觉得有一只铜锣在桌旁轰然爆裂。

"请各位四处张望一下，"他说，"彼此相互看一下。你们可知道，现在坐在这房间里的人，有多少人将死于癌症？55 岁以上的人，4 人中就有一个，4 人中就有一个！我绝不是在信口开河，胡说八道！"

他停下，脸上骤然有了光泽。"这是件平常却严酷的事实，不过却不必长久。"他说，"我们可以想出办法。这个办法就是研究它的肇因，找出进步的治疗方法。"

他显得更加严肃了，眼光绕着桌子逐一移动。"你们愿意协助朝向进步努力吧？"在我们脑海中，这时除了"愿意！"之外，还能有别的回答吗？"愿意！"我想。事后我发觉其他人也是如此。

不超过 60 秒，毛里斯·高柏莱就赢得了我们的心。他已经把我们每个人都拉进他的话题里，他已经令我们投入到他为人类福利而进行的运动中。

遵循以下原则可以使你的说服性演讲无往而不胜：

（1）以真诚赢得信心。

如果我们的谈话是以说服为目的，那尤其需要以发诸真诚笃信的内在光辉来宣述自己的意念。我们自己只有先被说服，然后才能设法说服别人。

（2）获取赞同的反应。

哈里·奥弗斯维教授曾详细分析过保持听众赞同心理的重要性，他说："有技巧的演说者，一开始获得许多赞同反应。他遂借此为听众设下心理的过程，令他们朝向赞同的方向前进。它如同撞球戏里的弹子那般移动，将它在一方向推动后，想使它偏斜，便须费些力量，欲将它推回相反的方向，则须费更大的力量。"

心理的形态在这方面表现得尤其明显。当一个人说"不"，而且真心如此时，他所做的恐怕不仅仅是这一个字而已。他整个身体——腺体、神经、肌肉——把自己收拢起来进入一个抗拒的状态。一般情况下，他会有微小程度的身体上的撤退，或撤退的准备，有时明显的还可以看出来。简言之，整个神经、肌肉系统都戒备起来要抗拒接受。可是，相反地，一个人说"是"时，就没有撤退的行为发生，整个身体在一种前进、接纳、开敞的态度中。因而，从一开始我们能诱发越多的"是"，便越有可能成功地握住听众的注意力，为我们最终建议的实现扫清障碍。

演说人和听众争辩，只会引发他们的固执，他们会拼命防守，他们根本不会改变思想。一开口就说"我要证明这样这样"是否明智？听众是否会认为这是一种挑衅而无声地说："不要得意，好戏还在后头呢！"

一开始就强调一些所有听众和你都相信的事情，然后再举出一个恰当的问题，让听众愿意再听下去，这样是不是会有利得多？接着再带着听众一起去热烈地追寻答案。在追寻答案的途中，将你所见的十分清楚的事实摆在他们的面前，他们就会被你所引领，进而接受你的结论。对于这种他们自己所发现的事实，他们会有更多的信心。"看似一声解说的议论，不失为上上之佳论。"

（3）以感染性的热情来讲述。

演说者在陈述自己的意念时，如果以感情和感染性的热情来表述，听众一般不会产生不同的意念。我所说的"感染性的热情"，它会将一切否定的相反意念摈弃于一边。你的目标如在说服，请不要忘记动之以情较诸发之以思想效果更大。记住，要激起听众的情感，必须先使自己表现得真挚、热烈。不管一个人能够编造多精微的词句，不管他能搜集多少例证，不管他的语气多么谐调，手势多么优雅，倘使不能真诚地讲述，这些都只是空洞耀眼的装饰罢了。要使听众印象深刻，先得自己印象深刻，你的精神经由你的双眼而闪亮发光，经由你的声音而四向辐射，并经由你的态度而自我抒发，它自然会使得与听众沟通的渠道畅通，引发共鸣。

（4）以友善的方式开始。

卓·威尔森曾经说："如果你走过来，并对我说：'我们坐下来商量一番吧。假使我们意见有分歧，让我们了解彼此为什么有分歧，究竟在哪里出现了问题？'我们马上便会发觉彼此的想法相距不远，发觉我们不合之点很少，而相合之点却非常多；并发觉我们只要有耐心、有诚意，并有着彼此聚合的欲望，我们就会相聚在一起，谋合在一起。"

即席演说

在紧急情形之下，能够集中自己的思想并发表谈话，可以肯定地说，这要比经长时间努力准备之后才能演说，更为重要。现在的商业需要以及现代口头沟通所必须的自在随意，使得这种即席发言的能力必不可缺少。我们要能迅速调动思维并流畅地遣词造句。许多影响到今日工业和政府的决定，都不是出于一人，而是在会议桌上商定，个人仍可有独自发言的权利，在这群策群议的讨论会议上发生影响。如此看来生动突出的即席演说发挥着极其重要的作用。

（1）练习即席演说。

任何智慧正常、且自制力超强的人，都能发表一场让人易于接受，甚至于常常还是很精彩的即席演说——说的简单些，就是不经准备的当众讲话。当你被临场邀请说几句时，一定很想流畅地表达自己，至于方法，不止一种，但最有效的就是采用某些著名演员曾经使用的方法——站着思考。另外，你还必须熟练掌握一些即席发言的联结技巧。

（2）要有即席演说的心理准备。

在你毫无准备的情况下人们请你发言，多半是期望你对某一个你能发表权威言论的题目提出一些意见。这时最关键的问题是，要能面对即席讲话的情况，并决定在自己能支配的短时间里确定要谈论些什么。你要想使自己从容自如地应付此种情况，最好的方法就是心理上对这些情况先有准备。在开会当中，不时地问自己，如若现在被叫起来讲话，到底要讲些什么。这一次最适合讲述自己题材里的哪个方面？对于会上刚讨论的那些建议，怎样措辞以表示赞同或反对？因此，我的第一个忠告是：要时刻准备着在各种场合做即席演说。

（3）立刻进行举例。

为什么要这样？理由如下：

第一，你可以从苦苦思索下一句的需要中解脱出来。因为依据经验的复述很容易，即使是要做即席演说，情况也还是这样的。

第二，你会一步步进入演讲的状态。初有的紧张也会慢慢消逝无踪，令你有机会给自己的题材逐渐加温。

第三，你可以马上获得听众的注意。因为，事件——实例是立刻获取注意力最保险、最有效的方法。

听众对你那富于人情趣味的实例最感兴趣，这可使你在最迫切需要时——演说开始后的极短时间里，对自己的能力会更加自信。沟通是一种双方面的行为。能获得注意的人对此不会有丝毫的怀疑。当他注意到那种接纳的力量，并感觉到那发自听众间的如电流般的期盼的目光时，他就感受到有种挑战，要他尽最大能力去做回应，并始终向前。演说者和听众间建立的和谐关系，是一切成功演说的关键所在——没有它，就不可能达成真正意义上的沟通。这便是我力劝你以实例展开演说的原因，尤其是在人家请你讲几句话时，没有什么比举例更管用了。

（4）采取适时适地的原则。

假如你事先毫无准备，突然有人请你说几句，这时切忌慌张，要保持平静。你可以先说上两句表示感谢之类的话，给自己一个喘息的机会，然后便要发表与听众有密切关系的言论了。听众只对自己和自已正在做的事感兴趣，以下来源可供你撷取意念，作为即席演讲之用。

一是紧紧抓住听众。谈论自己的听众，说说他们是谁，正在做什么，尤其要突出他们对社会和人类做了什么贡献。最好举以实例加以证明。

二是依据场合而定。当然也可以讲讲造成这次聚会的情况原因，是周年纪念日？是表彰大会？是年度聚会？还是爱国集会？不管怎样，要突出你要表述的观点。

最后，假如你曾注意地听讲，不妨对自己之前另一位演说人所谈及的某一特殊事物特别感兴趣，然后将它扩大详述一番。最成功的即席演说，就是真正的当场演说。它们表达的是演说者对听众和场合的感想，它们适时适地，就像手和手套般的密切相合。它们是为了这个场合，并且是专为了这个场合而量身定做的。它们的成功也就在于此：它们在特殊的时刻里绽放，如罕开的玫瑰，不多时便又凋谢不见了；可是听众所享受到的愉快却在绵延。在你还未想到之前，在他们眼里，你早已成为即席演说专家了。

（5）要做即席演说，切莫即席乱说。

如果光是不着边际地瞎扯一番，毫无逻辑地把不相关的事串联在一块，那是人所反感甚至厌恶的。你必须围着一个中心思想，把自己的意念合理归纳。而这个中心思想，极有可能就是你要说明的。你所举的事例要与这个中心思想相一致。若能抱着挚诚来演讲，你必然会发现自己当场所说，精力充沛且又效力无穷，即使是有准备的演说家也难以达到这样的境界。

5. 演讲的技巧

组织完备的介绍词

介绍词——这个词是由两个拉丁文词素所构成，即 intro，至内部；ducere，引领所构成——应该是引领我们充分地进入题目的内部，令我们想要听听有关它的讨论。同时，它也应该引领我们前去见识演讲者的内在事实，去见识能显示他力足胜任探讨这一特别题目的事实。换言之，介绍词就是在最短时间内把题目"推销"给听众，也应把演讲人"推销"出去，并且尽可能把这些事情做完、做好。

在准备一套组织完备的介绍词时，可参考以下建议：

（1）充分准备自己要说的话。

介绍词尽管很简短——一般几乎都不超过一分钟，却必须认真准备。首先，要搜集事实，这个可以三项为中心：演讲人的题目，他讲这个题目的资格，以及他的名字。有时也会出现第四项——演讲的题目如何能引起听众特别的兴趣。

最尴尬的事莫过于演讲者对介绍提出异议，并宣称其中部分和他所讲的立场不符。因此，为了避免这种情形出现，介绍人一定要确定正确的演讲题目，并且不对其内容胡乱臆测。介绍人的责任是正确地介绍讲题，并指出为听众所确切关心的内容，因此，如果可能的话，即应设法直接从演讲人本人那儿取得资料。假使须依赖第三者，比如说节目主持人，则应该设法获得书面资料，并于会议前向演讲人查证。

（2）依从"题—重—讲"的公式。

对大部分的介绍词而言，这个方式是个近便的指引，可以帮助你组织所搜集的研究资料：

"题"代表题目。在这个阶段，介绍人应宣布演讲者的正确讲题，然后展开介绍。

"重"代表重要性。在这个阶段里，要在题目和听众的特殊兴趣之间建架桥梁。

"讲"代表演讲者。在这里列出演讲者杰出的资历，尤其和他题目有关的。最后，明确而清楚地宣布他的姓名。

介绍人常常犯这样的错误：有些人话说得太长，致使听众烦躁不安；有些人则侃侃而谈，想使演讲人和听众记住自己的重要性；还有些人则喜欢扯些笑话，其品位也并不怎么高，或者追求"幽默"，高捧或贬损演讲人的职业。若是有心使自己的介绍发挥效力，以上这些错误皆应避免。

（3）介绍人的态度。

介绍演讲人时，态度与讲词同样重要。首先，必须要真诚。不可流于贬抑的评论或鄙俗的幽默。不认真地介绍常会被某些听众误解。要真心诚意，因为你当时所处的社交情况，需要最高度的技巧和策略。你可能和演讲人甚为熟悉，而听众可不知此情，你的一些言语虽然并没有恶意，却可能招致误解。

你应该尽量友善，不用说自己多高兴，只要在介绍时表现出真心的愉快就够了。若能逐步酝酿，于终结达到高潮时宣布演讲人的名字，则听众的期待之情也随之增高，终将报以更热烈的掌声。听众的这种友好表示，也有助于刺激演讲人演说的热情。宣布演说者的姓名时，最好记住这几个字："稍停"、"分隔"和"力量"。"稍停"的意思是，说出名字之前略停顿片刻，可令听众的期待达于极限；"分隔"的意思是，名字和姓氏之间应稍停加以分开，使听众对演说人的姓名有清楚的印象；"力量"的意思是，名字应说得强劲有力。还有一事要提出警告：当你在宣布演讲者的名字时，切勿转身向他，而应展目望向听众，至最后一个音节说出为止，然后再转向演说人。

立即引发听众的兴趣

演讲总是有目的的，你必须事先规划好，准备有加，才能使你的演讲更出色。如果开场白含混不清、跑题严重的话，听众会立即对你的演讲失去兴趣。比如，有些演讲者一登上讲台，就先自我谦虚一番，总是以诸如此类的方式开头：

"今天没什么准备，再加上我这个人天生愚笨，所以实在是没什么说的。"

不用说，你我都明白，这其实是谦虚。可是，演说者未免少了一点思考，你说不曾准备，没什么要说的，你要知道，听众们的时间可是很宝贵的。如果没什么可以说，那你站在台上干什么呢？难道是逢场作戏？

其实，演说者的那种"自谦"并非一定出自本心，不过是开场客套的陈规。所以说，要想使演讲获得好的效果，就要打破陈规——开门见山，直奔主题。

使用这种开门见山式的方法开场，可以使听众对题目的来历、背景有所了解并初步掌握演讲的内容，使听众对演讲内容产生兴趣。

1915 年，洛克菲勒成了科罗拉人们最仇恨的人。受全球经济危机浪潮的冲击，这里的经济也是一片萧条。工人们发不了薪水，再加上工厂又大批裁员，食不果腹的工人们发起了大规模的罢工浪潮。当时，洛克菲勒是这一地区富勒煤铁公司的负责人，工人们一致把斗争的矛头指向了他。

这一罢工持续了长达两年之久，愤怒的工人们因为提高工资的要求得不到满足，便将满腔的怒火全发泄了出来。他们砸毁机器，拆掉设备，围攻公司的高级管理人员，因此导致了军队的干预，还发生了多起惨重的流血事件。

双方相持不下，谁也不肯让步，但这种结果对双方都没有好处。一方面，工人们闹得越凶，老板们越不肯让步，他们都是视财如命的家伙，眼睁睁地看着自己辛辛苦苦置办的厂房和设备被工人们毁坏，怎会不心疼？另一方面，工人们罢工持续的时间越长，老板们损失越大，机器停止了转动，利润从哪里来？赚不到钱，又拿什么给工人们提高工资？

洛克菲勒觉得必须结束目前的混乱状态，可是该如何处理呢？思来想去，他决定应该尽力把罢工者争取到自己这一边。为此他花了几个星期时间与工人代表们沟通，然后他决定给全体罢工的工人们进行一次不同寻常的演说。

在工人们愤怒的声讨声中，洛克菲勒走上讲台，表现出极大的诚恳和友好，向工人们说道：

朋友们，我今天为能在你们面前讲几句话而感到自豪和骄傲。我已经拜访了你们的家庭，见到了你们的妻室儿女。可以这样说，我们现在在这里相聚的不是局外人，而是朋友！难道不是这样吗？

今天是我一生中值得纪念的日子，我为能和这个大公司的工人代表、职员和管理人员第一次在这里相聚而感到荣幸。请相信，我会永远记住这自豪的一天的。

假如我们在两个星期之前相聚，对你们中的大多数人来说我还是个陌生人，因为那时认识我的只有少数几个。在拜访了你们的家庭并已和你们当中的不少人进行交谈后的今天，我可以有把握地说，我们是作为朋友在这里相聚的……

可以说，洛克菲勒根本称不上是个演说家，但可以肯定的是，他的这次演讲极为成功。长期得不到解决的难题，一次演讲便解决了。这也许就是演说的魅力。

当众有效说话的方法很多，无论用哪一种，都要为演讲的目的服务。而开门见山这一方法，只要运用得当，就能在演讲之初紧紧吸引住听众的注意力，并最终赢得他们的认可。

给听众留下深刻印象

1941 年 12 月 7 日，是美国的国耻日。因为这一天，日军偷袭珍珠港，给驻扎在这里的太平洋舰队以毁灭性的打击。无数美利坚民族的优秀儿女魂葬太平洋。

总统罗斯福得知这一消息时表现得尤为震惊。他低估了日本人的胆量，同时他也知道美国别无选择——必须对日本人的挑战予以严厉回击。

就在事后的第二天，罗斯福在参众两院联席会议上发表了一篇著名的演说——《1941 年 12 月 7 日——一个遗臭万年的日子》。他的这次演讲不断被掌声打断，全文不到一千字，仅用了六分半钟。演讲结束后，国会仅用半个小时就在参众两院分别以 83 票对 0 票，388 票对 1 票通过了和日本之间存在着战争状态的联合决议。

1941 年 12 月 8 日，罗斯福宣布美国正式向日本宣战。

我们来欣赏一下这篇著名的演讲：

副总统先生、议长先生、参众两院各位议员：

昨天，1941 年 12 月 7 日——一个遗臭万年的日子——美利坚合众国遭到日本帝国海军空军部队突然蓄谋已久的进攻。

合众国当时同该国处于和平状态，而且根据日本的请求，当时仍在同该国政府和该国天皇进行着对话，对于维持太平洋的和平有所期待。实际上，就在日本空军中队已经开始轰炸美国瓦胡岛之后一小时，

日本驻合众国大使及其领事还向我们的国务卿提交了对美国近日对日方的致函的正式答复。虽然复函声言继续进行外交谈判已无意义，它并未包含有关战争或武力进攻的威胁或暗示。

应该记录在案的是：由于夏威夷同日本的距离，这次进攻显然是许多天乃至若干星期以前就已蓄谋进行了策划的。在策划的过程之中，日本政府通过虚伪的声音和表示希望维系和平而蓄意对合众国进行了欺骗。

昨天对夏威夷群岛的进攻，给美国海陆军队造成了严重的损害。我很遗憾地告诉各位，很多美国人丧失了生命。此外，美国船只在旧金山和火奴鲁岛之间的公海上也遭到了鱼雷袭击。

演讲至此，罗斯福重点强调的是本国遭到了日本的突然袭击，而且这次袭击是蓄谋已久的，给美国军队造成了重大损失，以此激发民众对日军这种法西斯行为的愤慨。接着让我们看看更富艺术性的下半部分的演讲：

昨天，日本政府已发动了对马来西亚的进攻。

昨夜，日本军队进攻了香港。

昨夜，日本军队进攻了关岛。

昨夜，日本军队进攻了菲律宾群岛。

昨夜，日本人进攻了威克岛，

今晨，日本人进攻了中途岛。

一连串短促有力的短句，把日本军队咄咄逼人的气势凸显出来，使听众不由地产生一种危机感：美国必须立即对日本人的这种侵略行为加以制止。

接着，罗斯福又讲到：

因此，日本在整个太平洋区域采取了突然的攻袭。昨天和今天所发生的一切就是最有力的证明。合众国的人民已经形成了自己的见解，并且十分清楚这关系到我们国家的安全和生存的本身。

作为陆海军总司令，我已指示，为了我们的国家将采取一切有效措施。

但是，我们整个国家都将记住这次预谋的入侵。美国人民以自己的正义力量，定要赢得绝对胜利。

我现在断言，我们不仅要做出最大的努力来保卫我们自己，我们还将确保这种形式的背信弃义永远不会再危及我们。我这样说，相信是表达了国会和人民的意志。

敌人的行为是对我们最有力的警示，我国人民我国领土和我国利益已然处于严重危险之中。

信赖我们的武装军队——依靠我国人民的坚定决心，我们将取得必然的胜利——上帝也会帮助我们的！

我向国会宣布，自 1941 年 12 月 7 日——星期日日本进行无缘无故和卑鄙怯懦的进攻时起，合众国和日本帝国之间的战争就已经开始了。

整篇演讲，罗斯福只是用确凿的事实，冷静的分析，旗帜鲜明地表达了自己的信念。从而使听众受到感染，做出正确而有力的决断。

记住，在演讲过程中对重要内容不断加以提示、强调，以便听众抓住主旨，深刻领会你的见解，并最终在思想上达成一致，获得整场演讲的成功。

不说不必要的话

写文章讲究言简意赅，"增一字则密，删一字则疏。"其实，做演讲也是如此。说话时可以滔滔不绝，但绝不可以废话连篇，否则容易令听众的反感。

正如海涅所说："做演讲不能像皇帝出行，前拥后簇着一大队人马。一句浩浩荡荡的句子里，往往只有一点儿意思，仿佛一辆金碧辉煌的宫廷大车，驾上六匹盛装丽饰的马，一路行来，好不隆重。"

演讲是靠具有实际意义的内容来打动听众，而不在于你的言辞多么华丽。相信你读了下面的故事一定会有所收获。

一次，马克·吐温到教堂做礼拜，适逢一位传教士在搞募捐活动。

起初，传教士声情并茂地讲叙着非洲的苦难生活，希望大家能够伸出友爱之手，帮助那些穷困潦倒的非洲人。马克·吐温听后，十分感动，决定等传教士讲完了捐献 50 美元。

但过了 10 分钟，传教士还在絮絮叨叨地讲个没完。马克·吐温有点不耐烦了，心想：看来，待会儿我只能给他捐 20 美元了。

又过了 10 分钟，传教士还讲个没完，马克·吐温生气了，对自己说：待会儿我 1 分钱也不捐看他能怎么样。

终于，半个小时后，传教士讲完了。当他拿起钵子挨个向听众们募捐时，忍无可忍的马克·吐温不但没有捐钱，反而从钵子里拿走了两美元。

由此可见，絮絮叨叨的长篇大论只会让人厌烦，使人昏昏欲睡。只有简洁明快，语言流畅的演讲，才能使听众在有限的时间里集中精力，才能使听众对你所讲的产生兴趣，进而受到感染。有一篇演讲只有十个句子，却产生了轰动效应，而且成为演讲中的经典。这篇演讲便是林肯的《在葛底斯堡烈士公墓落成典礼上的演说》。

林肯就任美国第 16 任总统后不久就爆发了内战，即美国历史上的南北战争。南方反对废除奴隶制的各州宣布脱离联邦，要求独立。以林肯为首的联邦政府当然不能容忍，内战由此而发。

1863 年 7 月，联邦政府军与叛军在葛底斯堡发生了一场激战，以政府军胜利而结束。这场胜利意义深远，南方叛军严重受挫，元气大伤。自此之后节节败退，直至最后无条件投降。但这次战斗也使政府军损失惨重，为了纪念这些为国捐躯的烈士们，联邦政府在葛底斯堡修建了国家烈士公墓，在公墓落成典礼上，林肯发表了著名的演说，内容如下：

87 年前，我们的前辈在这这片神圣的土地上缔造了一个新的国家。孕育于自由之中，主张一切人生来平等。

现在我们进行这场伟大的内战，正考验着我们的国家，也考验着任何一个奉行这种原则的国家，看它是否能够长治久安。我们就是在这场战争中的一个伟大的战场上举行集会的。我们举行集会，是为了把这个战场的一块土地奉献给那些为国捐躯的勇士们，作为他们的最后安息之所。这是我们应该做的，也是我们必须做的。

但是，从更深远的意义上说，我们不能捐献什么，也不必神话什么。因为曾经在这里浴血奋战的活着的和牺牲了的勇士们，已经用自己的鲜血做了最好的祭奠，他们的高尚情操永远不会因为别人的颂扬或者漠视而有丝毫改变。

我们在这里讲的话，人们将不会怎么注意，更不会长久记在心里，而烈士们的英雄壮举将永远不会被世人所遗忘。

我们这些活着的人们，倒是应该继承烈士们的光辉遗志完成他们未竟的事业。我们倒是应该让烈士们的崇高情操激励我们投入到伟大的事业中去。我们在这里庄严地表示我们的决心，决不让死者的鲜血白流，要使这个国家在上帝的保佑下得到自由和新生，我们的人民将世代相传、前赴后继。

整篇演讲用了不到三分钟的时间，但是以语句简练而闻名于世。前半段，简明扼要地说明了这场战争的性质和意义，以及举行这集会纪念烈士的必要性。语言如飞瀑直下，紧凑、快捷。

接着，又用了几句话说明了烈士们的功绩远非这种纪念所能达到的。突出了整篇演讲的主题——为国捐躯的烈士们应该受到人们无比的敬仰。

林肯的这篇短小的演说，可谓是句句言而有实，句句言简意赅，句句感人心弦，不愧为流芳百世的佳作。在快节奏的社会生活中，人们没有耐心去听那些漫无边际的空洞语言。

记住，如果你能用一句话表达清楚你的意思，就不要说第二句！

不要忘了你想讲的

演讲的过程中，始终要围绕中心，突出主题。为了避免因跑题而使听众产生厌烦情绪，就要选择最恰当的演讲方法，可以先抑后扬，也可以先扬后抑。

林肯竞选总统时，他的主要竞争对手是道格拉斯。道格拉斯出身名门，家产颇丰又是美国独立战争中的功臣，而林肯出身在一个贫穷的家庭，经历了许多人世的艰辛。

当时，道格拉斯对林肯很是鄙视，他嘲笑林肯长相丑陋，出身低贱，常常自鸣得意地对其他人说："总统非我莫属，林肯哪一点都不如我！"

道格拉斯为了显示出自己的高贵，总是乘坐豪华的专列到全国各地进行竞选演说。而且每到一处，都要鸣炮28响，而林肯到各地去演说的唯一交通工具就是一辆破旧的马车。

在一次竞选演说中，有人讽刺林肯相貌丑貌，过于寒酸，林肯说道：

你们说的没错，我相貌丑貌，不如道格拉斯那般英俊，道格拉斯先生出身名门，腰缠万贯，锦衣玉食，他俨然就是一个纯正的英国绅士。

而我除有一间破旧不堪的小屋外，贫穷得一无所有，一张床，一把椅子再加一张桌子是小屋里仅有的三件摆设。幸运的是，我还有妻子和儿子，我只有这些了。但我非常爱他们，他们就是我的生命。

我想，从小就衣食无忧的道格拉斯先生大概不知道什么叫人世间的艰辛。他锦衣玉食，但未必了解人民的冷暖饥饿，他高高在上，但未必知晓我们这些下层人民之间那种情真意切的感情。

我的确长的丑，也很穷，我只是一个普普通通的美国公民，但这恰恰是我的优势所在。很难想象一个不知人民生活之艰辛的人能够成为总统，而且能够为他们造福。

大选揭晓后，林肯以绝对多数压倒道格拉斯当选为美国总统。

林肯所用的方法非常有效，值得我们每位演讲者学习。他先是对道格拉斯大加"赞赏"一番：英俊潇洒、绅士风度、出身名门，让人觉得道格拉斯一定会当选总统。紧接着林肯又把自己描述了一番：丑陋、贫穷、一无所有，这种人怎么像一个总统呢？但是，林肯将话陡转"他只是一个普普通通美国公民"，因此他深知下层人民的疾苦，人们的衣食住行他都了如指掌，而这些，都是道格拉斯这位出身上层社会的人所不可能了解的。因此，林肯接着向选民们发问：你们还指望一位根本不了解你们疾苦的人会有所作为吗？

一番对比思索之后，相信每位选民都会作出正确的选择。林肯的成功，道格拉斯的失败也就没什么可奇怪的了。

演讲时，对于方法和技巧的运用，要根据实际需要灵活运用。但无论采用何种方法、技巧，都要为突出主题服务，始终不要忘了你想要表达的是什么。

记忆的自然法则

良好的记忆有助于演讲，然而，著名心理学家卡尔·西秀教授说："普通人只用了他实际遗传的记忆能力的10%，其余的90%却被浪费掉了，因为他违反了记忆的自然法则。"

我们这里所称的"记忆的自然法则"共有3项——印象、重复和联想，每一个所谓的"记忆系统"都是以它们为基础的。

（1）自然法则一：加深印象

对于想要记忆的事物，必须获得深刻、生动而且持久的印象，要想达到这一目的，就一定要集中注意力。罗斯福总统惊人的记忆力是通过坚强的意志练习和训练出来的。这令他即使在最混乱的情况下也能集中精神。

1912年在芝加哥举行的会议期间，他的总部就设在国会大厦。疯狂的人们涌向街道，挥舞着旗帜，向旅馆内的总统高呼："我们要西奥多！我们要西奥多！"群众的呼喊声，乐队的奏乐声，进进出出的政治家，匆匆召开的会议，各种密谋和磋商，整个场面非常混乱嘈杂。假如是普通人，可能早已被扰得心烦意乱了，但罗斯福却全然不顾会场内外的混乱与嘈杂，悠闲地坐在他房间的摇椅上，专心阅读着古希腊历史学家希罗多德的作品。

用5分钟全神贯注地集中注意力，会比你在精神模糊时胡思乱想好几天产生更好的记忆效果。亨利·华德·毕邱写道："激情奔放的一小时，胜过稀里糊涂的无数岁月。"每年赚取数百万美元的贝泰钢铁公司老板大吉尼·格瑞斯就曾经说过如下意味深长的话："我一生当中学会的最重要的一个教训，就是集中精神，注意目前我手中的工作，并且不管在任何情况下每天皆奉行不渝。"

（2）自然法则之二：不断重复

只要你常常重复那些难以数计的资料，你便可以轻松地记住它们。常常复习你希望记住的知识，不断地使用它、实践它，把新知识运用于你的交谈中。在交谈中谈论你希望在演说中提出的重点，使用过的知识和资料会令你终身难以忘怀。

但是，光是盲目、机械地强记及重复某一知识是不够的。应该在重复的同时加入智慧，即要配合某种固定的思想特点而进行复习——这才是我们所应该具备的方法。艾宾豪斯教授选了很多没有任何意义的音节让他的学生们去背诵，比如"Deyux"、"Goli"等等。他发现，不到三天的时间，这些学生把这些怪字平均重复背诵了 38 次之后，居然能将它们全部记下来；如果他们一口气将之重复念上 68 遍，也一样可以全部记下来。其他的各种心理测验也一再显示出相同的结果。

这是对记忆力进行实验的一项重要发现。这一实验还表明，假如一个人坐下来，不断地重复某件事，一直到把它深印在记忆中为止，他所要花费的时间和精力是他在一定时间间隔区段进行重复行为而获得相同结果的两倍。

以上这些事实明白无误地告诉我们，即便是一位自称拥有丰富常识的人，也不会等到在发表演讲的前夕才去进行准备工作。假如他真要等到演讲前才动手的话，那么他的记忆力将只能发挥其效率的一半。

关于"遗忘"的方式，这儿有一个对我们很有帮助的发现。心理实验一再显示，对于我们刚刚学到的新知识，我们在开始的 8 小时当中所遗忘的，将多过我们在以后 36 天所遗忘的。这是一个多么奇妙的比例呀！因此，在你要步入一个商业会场或是一个家长会场或一个俱乐部会场聚会时，在你要发表演说之前，应该立即把你的资料看一遍，把你所搜罗到的事实再想一遍，令你的记忆力恢复新鲜活力。

（3）自然法则之三：联想记忆

把所获得的事实连接起来联想也是记忆力所不可或缺的要素。事实上，它等于是对记忆力本身的解释。

詹姆斯教授很明智地指出：

我们的头脑犹如一部联想的机器。假设我先沉默一会儿，然后用命令的口气说道："记住！回想下去！"你的记忆器官是否会服从这个命令，并能回想起你过去经历过的某种肯定的形象？当然不会。它会当场愣住，茫然而不知所措，并且问道："你希望我记住什么事情呀？"简单地说，要使它发生作用需要一点提示。

也就是说，你这样命令你的记忆系统，记住你的出生日期，或者是回想你早餐吃了些什么东西，或者是想一想音符的顺序，那么，你的记忆器官将会马上产生你所要求的结果：这项提示会将很多可能性集中于特别的一点上。并且，如果你进一步去研究这是如何发生的，你马上就会察觉：这项提示和你回忆起来的事物有某种相近的关联。"我的出生日期"这句话与某个特定的数字、月份与年份有根深蒂固的关联；"今天的早餐"这句话会立刻筛选你所有的记忆路径，而只留下一些符合命令的回忆路径，把你引向咖啡、腌肉和蛋；"音符"这个名词则是 re、mi、fa、sol、la、si、do 的邻居。"

事实上，联想的法则左右了我们的一系列思想，并且绝不会受到情感的妨碍。出现在脑海中的任何东西必须要经过引导；在被引导进入脑海之后，它会立刻与原来已在脑海中的某项事物联结在一起。无论是你所回忆的，或是所想的，都是相同的道理……"

经受过教育了的记忆力，还必须依赖有组织的联结系统发挥作用；而其精华则仰赖它们的两项特点：第一，联结的持久性；第二，它们的数字……因此，"良好记忆力的秘诀"就是和我们所想记忆的各项事实达成变化多端的联结。然而，除了尽量多想到这项事实之外，这种和事实组成的联结又是什么呢？简单地说，在两个有着相同外在经验的人当中，拥有最佳记忆力的人是那个对他的经验想得最多，并把它们彼此编织成最有系统关系的人。

这的确是个好方法，但是我们又怎样着手把所获得的事实彼此编织成一种最有系统的关系呢？答案是这样的：找出它们的意思，对它们进行认真思考。比如，只要你能对任何新的事实提出质问及回答下面这些问题，就可以帮助你把这项新的事实和其他事实编织成一种有系统的关系：

"为什么会这样？"

"是怎么造成这样子的？"

"是什么时候变成这样子的？"

"是在什么地方造成这样子的？"

"是谁这样说的？"

举个例子来说，我们假若要记忆一个陌生人的姓名，并且那是一个很普通的名字，我们或许可以把它与某一位名字相同的朋友联想在一起。从另一个方面来说，假如我们要记忆的是一个很罕见的名字，我们也可以借机提出疑问。这通常会促使这位陌生人谈起他自己的姓名。我在撰写本章时，有人介绍我和一位索特太太认识。我请她告诉我这个姓氏应该怎么写，并表示她的这个姓很少见。她回答说："是的，这个姓很少见，这是个希腊字，意思是'救世主'。"然后，她告诉我，她先生的族人来自雅典，并且有很多亲戚曾经在希腊政府担任高级官员。实际上，要让人们谈起他们的姓名很容易，而这样做能为我们把他们的姓名记住提供很大的帮助。

注意观察陌生人的外表——注意他（她）的头发以及眼睛的颜

色，看清楚他（她）的五官，注意他（她）的穿着，听听他（她）谈话的语气，并且把这份印象和他（她）的姓名联想在一起。当你在头脑中对他（她）的外表及个性获得一份清楚、深刻而生动的印象时，它们将帮助你记起对方的姓名。

你不是也有过这种经验吗？——你和某人已经见过两次或三次了，尽管你仍记得他是干什么的，但就是记不起他的姓名。原因在于：一个人的职业是明确而固定的，它具有一种意义，它将如同橡皮膏似地紧紧黏住你；而他那个没有意义的姓名却如同冰雹落在倾斜的屋顶一样，很快就滚落到地上，消失得无踪无影了。所以，要想增进你记忆别人姓名的能力，你可以想出一个形容的句子，把他的姓名和他的职业联想在一起。这种方法的效力毋庸置疑。

把年份与脑中原已记得很牢的重要年份联结在一起，这是记忆年份的最佳方法。这就如同把一枚螺丝帽套入松脱的螺钉中，能使你牢记不忘。举例来说，假如要一个美国人去记住苏伊士运河是在 1869 年开放通航的那会很困难，但假如你要他记住，苏伊士运河是在美国内战结束 4 年后才开放供第一艘船通过，那岂不是容易多了！

我们思考一件事的方式只有两种：首先，经由"外在的刺激"；然后，与早已存在于脑海中的某事联想在一起。把它们应用于演说时就是这样子：第一，你可以借助于某些外来的刺激——笔记或纸条——帮助你记住演说的要点。可是，对于一位带着纸条的演说者又有多少听众会真心喜欢他呢？第二，你可以把你的演说要点和早已存在于脑海中的某些事情联想起来。并且以合理的次序安排这些要点，使第一项要点必然引你走向第二点，然后由第二点走向第三点，就如同一间房间的大门，必然能通往另一房间那样自然。

这听起来好像很简单，但实施起来却并不容易，特别是一些初学者，因为他们的思考能力很难抵挡得住恐惧感。不过，有一个能把你的要点联结在一起的方法，十分容易，并且很快就会发生效果，万无一失。这个方法就是编造一句无意义的句子。假设你希望谈论一连串的主题，但这些主题彼此间不连贯，并且很难记住，例如，牛、雪茄、拿破仑、房子、宗教，我们看看是不是能利用下面这句可笑的句子，把它们串联起来：老牛抽着一根雪茄，用角把拿破仑抵住，房子被宗教教徒烧成大火。

现在，请你用手遮住上面的这个句子，然后回答下面这些问题：上面所说的第三项要点是什么？第五点呢？第四点？第一点？

这个方法是否很有效？毫无疑问。你既然想增进你的记忆力，就赶快采用它吧。

任何成群的念头都可以运用这种方式串联，并且，用以串联的句子越是荒谬，越是容易记忆。

虽然我在前面重点论述了提高记忆力的 3 项法则——获得生动印象、不断重复以及把我们所获得的事实联想在一起，但我们无法增强对所有事情的记忆力，就如詹姆斯所指出的，"一般性或基本性的记忆力是无法予以增强的，我们只能加强对特别联想事项的记忆力"。

我们再来重复一遍：假如我们配合使用本章中所讨论的这些原则，将可改善我们记忆任何事物的"方法"和"效率"。但是，假使我们不运用这些原则，那么，就算记住了有关棒球的 1000 万项事实，对于我们怎样记忆股票市场上的数据却连一丝一毫的帮助也没有。这种不相关的资料是不能联想在一起的。

请记住：记忆力基本上是一项依靠联想的工作，而且，我们的头脑基本上是一部联想的机器。

获得一个良好的开端

根据无数演说专家及我自己的经验，我们认为，进行较长的演说有三个阶段最为重要：引起注意、正文的行文和结论。这三个阶段均名有其历久弥新的方法，可以作为参考与发挥。我们在这里先讨论前两个阶段。

（1）立即引发注意。

多年前，我曾采访过前西北大学校长林·哈罗德·胡，询问他在漫长的演说经验中最为重要的一件事是什么？他沉思了片刻回答说："想出一段能够吸引人注意的开场白，能够立刻抓住听众的注意力。"他还说，对于演说的开场白与结束语，他都要预先进行周密地计划。约翰·布莱特也是如此；格雷斯通也这么行事；韦伯斯特是如此；林肯更是如此，几乎每一位具有常识及经验的演说者都会这样做。

如何在你的演讲一开始便紧紧抓住听众，这是所有说服性演讲取得成功的重要要素。这里有些方法，只要善加运用，就可使开场白非常吸引人。

一个是以事件和事例展开演讲，可以立即引发注意。

演讲时，要使听众长时间地容忍那些抽象式的声明，是一件很困难并且很费力气的事。但是，如果你通过举例说明就很容易让听众听得下去，这比前者要容易得多。既然如此，为什么不在开头时就举个例子呢？遗憾的是，我很难说服演说者这样去做——虽然我做过多次尝试。他们总是认为，他们必须先发表一些一般性的声明。其实并不见得必须如此。你可以一开头就举出一个例子，引起听众的兴趣，然后再对此展开你的评论。

举世闻名的新闻分析家、演说家及电影制片人罗威尔·托马斯，在讲坛上讨论"阿拉伯的劳伦斯"时是这样开始的：

"一天，我在耶路撒冷的基督街上踱着步，忽然遇见了一名男子，他身着华丽的东方君主袍服，身侧挂着一把黄金弯刀，这种刀是只为先知穆罕默德的传人所佩挂的……"

他便这样开始了——用自己的经验作为故事的开始，这便吸引了人们的注意力。这种开场方式内含着行动，它会将你往前推进。我们所以紧紧相随，是由于我们已经融入到某种情境当中，并已成为其中的一部分。我们希望知道将会发生什么事。

除了利用故事之外，没有任何的演讲的方法有如此强的驱动力量。

有一个主题是我说过多次的，在作这一演讲时，我所用的开场白是这样的：

"在我大学刚毕业后的一天晚上，我在南达科他州的费农镇的一条街上走着，突然发现一个人站在一个箱子上头对着人群讲话。我很奇怪，便也加入到看热闹的人群中。'你可觉察到，'这个人说，'你从未见过一个秃头的印第安人？或从未见过秃顶的女人，是不是？现在我来告诉你为什么……'"

你发现其中的奥秘了吗？这里没有停顿，没有把情况"温热"起来的片言只语。

所以，你只要直接朝着事件推进，就能够轻而易举地抓住听众的心。

凡是使用自己的经验故事开始的演讲，必立于不败之地，因为它无须搜肠刮肚，也不需利用意念之法，你讲述的是自己的经验，是你部分生命的再造，是你自身筋脉的一部分。结果，你那自信闲适的神态即能帮助你和听众建立起友好的关系。

第一是制造悬念，以立即引发注意。

请听听鲍威尔·希利先生在宾州费城的一家运动俱乐部的一段演讲：

82 年前，大约也是这个季节，伦敦出版了一本小书，它叙述的是一段故事，它注定了要名垂青史。许多人称它为"全世界最伟大的一本小书"。它刚一问世就引起轰动，朋友们在斯特里街或波莫尔街遇上时，总会彼此相问，"你读过它了吗？"回答竟是惊人的一致："是的，上帝保佑它，我读过了。"

就在它上市的第一天就卖出了 1 万本。两星期之内需求量便达到 1.5 万本。从那以后，它又曾经无数次地再版，并且翻译成全球各国文字。数年前，J. P. 摩根以极高的价格购得此书的原稿。它现在正和许多无价珍宝一起安憩于他那庄严伟岸的艺术馆中。这本举世闻名的书究竟是什么呢？

听到这里，你是不是也产生了浓厚的兴趣？你难道不想急于知道更多的东西？演讲者是否有力地抓住了听众的注意力？你是不是觉得这段开场白已捕捉住了你的注意力，并随着情节的进展提高了你的兴趣？为什么？因为它激起了你的好奇心，以制造悬念的方式、气氛抓住了你的心。

好奇！谁又没有好奇心呢？

虽然你没有亲临现场，但当你读到这里时，是不是也产生了强烈的好奇心呢？你此时肯定也在心中问作者是谁，上面所提的是什么书？为了满足你的好奇心，就让我告诉你答案吧：此书的作者是查尔斯·狄更斯，书名是《圣诞欢歌》。

有一次，我在树林中散步，发现鸟儿在我身边飞了将近一个小时，它们纯粹是因为好奇而在不断地观察我呢。我知道一位猎人，他曾经在阿尔卑斯高山上用一条床单将自己围住，然后在地上爬行。他用这种方法引起羚羊对他的好奇心，从而把这些羚羊吸引到他身边来。小狗很好奇，小猫也是一样，包括著名的灵长类在内的所有动物全都有这样的好奇心。

因此，只要你的第一个句子就能引起听众的好奇心，他们后面立即就会对你产生兴趣并加以注意。

我自己在讲述劳伦斯上校在阿拉伯的冒险事迹时，就是以同样方式作的开场白：

洛伊德·乔治认为，劳伦斯上校是现代最浪漫且最多彩多姿的人物之一。

这段开场白有两个明显的特点：第一，它引述了一位著名人物所说的话，而且这个人经常受到大众的注目；第二，它引起了听众的好奇心。"为什么是浪漫的？"还有，"为什么说是最多彩多姿的呢？"我以前怎么从没听说过这个人……他是干什么的？这是听众非常自然的反应。

有位学生在发表演说时，第一句话就问道：

诸位，知道吗？在时至今日这个世界上，还有 17 个国家中存有奴隶。

此话一出台下一片哗然，听众的好奇心立时被吸了过来。"奴隶"？"今天"？"17 个国家"？似乎令人难以相信。"是哪些国家？在什么地方？"听众必定会如此追问下去。

我们可以利用一段事实来引起大家的好奇，然后令他们急于知道造成这段事实的原因。例如，有位学生一开头就说出如下一段令人吃惊的声明：

最近，我们的一位议员先生在议会上发言，他要求通过一项法律，禁止所有距离学校两英里以内的蝌蚪变成青蛙。

你听了肯定会莞尔一笑。这位演说者是否在说笑话呢？真是玄而又玄。真的有这么回事吗？是的。于是这位演说者继续解释下去。

《星期六晚邮》杂志上有一篇文章，题目为：《论歹徒》。它一开头就说：

歹徒是否真有组织？从某一种规则来看，他们确实有组织。怎么说呢？……

你看，这位作者只用短短的几句话既点出了他的主题，又对你透露了其中的一部分内容，并引起你的好奇心，使你急于想知道歹徒究竟是如何组织起来的。这是多么高明的开场白！这是一种令人激赏的手法。这篇文章的作者立刻抓住读者兴趣的技巧对每一位有志于从事演说的人都大有裨益。它的效果绝对比你研究那些大部头的演说稿全集要好得多。

制造悬疑肯定能引发听众的注意。这里还有一例，是我在讲《人性的优点——如何停止忧虑开始生活》时，设法制造悬念的方法。我的开场白如下：

1871 年春天，一名注定要成为闻名世界的医生的青年威廉·奥斯勒捡到了一本书，他读了其中的 21 个字，却对他的一生产生了深远的影响。

这 21 个字都是些什么字？这些字又是怎样地影响到他的将来的呢？这对听众而言是最有吸引力的。

第三，通过陈述一件惊人的事实，以立即引发注意。

宾夕法尼亚州州立大学婚姻顾问处原处长卡克里夫·R·亚当斯

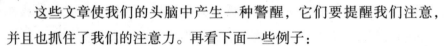

在《读者文摘》发表过一篇题为《如何挑选配偶》的文章。在这篇文章里，他以一些惊人的事实展开陈述，这些事实会令读者屏声静气，自然也立即会引起你的注意。

今天，我们的青年从婚姻当中获得快乐的机会真是微乎其微。我们离婚率的高涨使人触目惊心。1930 年时，5 至 6 桩婚姻中有 1 桩会触礁；到了 1940 年，我们预计将上升至 4 桩。

假如这种迹象长期继续下去，到 1950 年就将是 2 比 1 了。

一家重要期刊的创始人迈克鲁说："一篇好的杂志文章，就是一连串的惊吓。"

这些文章使我们的头脑中产生一种警醒，它们要提醒我们注意，并且也抓住了我们的注意力。再看下面一些例子：

一则是，巴尔的摩的布兰丁在一篇题为"广播的奇妙"的演讲。他一开头便说：

各位可知道，一只苍蝇在纽约一个玻璃窗上行走的细微声音，可以通过无线电传播至中非洲，并且还能使它扩大成像尼亚加拉大瀑布般惊人的声响？

纽约哈里·琼斯公司的总裁哈里·琼斯先生在一篇"犯罪情势"的演讲中，以下面几句话作为开场白：

美国最高法院前任首席法官塔夫脱曾经宣称："我们对刑法的管理，是对文明的一种耻辱。"

他这样说，有两项高明之处：这不仅是一段使人感到震惊的开场白，更是从一位司法权威那儿引用过来的一段惊人的声明。

费城乐观者俱乐部的前任会长保罗·吉本斯，他在演讲"罪恶"这个题目时，说出了下面一段令人瞠目结舌的声明：

美国人是人类文明中最严重的犯罪民族。这种说法固然使人震惊，但同样令人震惊的是，这的确是事实。俄亥俄州克里夫兰的谋杀犯人数是伦敦的 6 倍。按照人口比例来看，它的抢劫犯人数是伦敦的 170 倍。每年在克里夫兰被歹徒抢劫，或企业抢劫而遭到攻击的人数比英格兰、苏格兰和威尔士等地被抢的人数总和还多。每年在圣路易斯市遭人谋杀的人数多过英格兰和威尔士。纽约市谋杀案的件数多过法国全国，也超过德国、意大利和英国。这里面有一项使人感到悲哀的事实：罪犯并未受到惩罚。假如你谋杀了一个人，你因此而被处死的可能性却不到 1%。在座的各位都是追求和平的善良公民，但你们死于癌症的机会却是你枪杀了一个人而被绞死的机会的 10 倍。

这段开场白虽然没有多少慷慨之词，但却是很成功的，因为吉本斯的言语之间流露出无比的力量和热诚。他的每一句话都充满了活力，具有生命力。不过，我也听过其他学生在演讲犯罪问题时，以相似的例子来作为开场白。但是他们的开场白却显得很平淡。原因何在？空言空语，也仅此而已。他们的结构技巧无懈可击，可形式的完美却掩盖不住精神的虚无。他们的态度削弱及破坏了他们所说的全部。

以下两个例子，也是以"惊人的事件"开头的：

一，战争部预测，原子战争的头一夜，会有 2000 万美国人遇害。

二，几年前斯格利·霍华以报纸的形式花费 17.6 万美元做过一项调查，以期发现顾客们对零售商店的哪些地方不满意。这是迄今为止对零售问题所作的最昂贵、最科学化、也是最彻底的调查。调查的问卷送往 16 个不同城市的 45047 个家庭里。其中有一问题是："你不喜欢本镇商店的什么地方？"

这个问题的所有答案中，几乎有一半是相同的：无礼的店员！

演讲一开始便有惊人之语，其所以能够建立和听众的沟通，是由于它产生了思想震撼。这是一种"震撼技巧"，利用出人意料的方式以收到让听众注意演讲题材的效果。

在华府，我班上的一名学生美格·希尔便使用了这种引发好奇的方法。以下就是她的开场白：

有整整 10 年的时间我曾经是一名囚犯。不是在寻常的监狱里，而是在忧虑自己是低劣的狱墙和惧怕批评是其狱篱的监狱中。

对这件真人实事，你难道不想多知道一些吗？

惊人的开头固然重要，但也不能过分地戏剧化、过分地耍噱头。否则，你的演讲还没有开始，就已经失败了。我还记得有个家伙以对着空中射击一枪来展开演讲。他原本想以此来吸引人们的注意，可结果却是听众的耳膜被震破了。

开场白应该平易近人，就像与人促膝而谈一样。有个方法很有效，通过它可以知道你的开场白是不是真的像平日谈话一般，那就是在餐桌上试讲。如果你开讲的方式不够平易近人、上不了餐桌，对听众的亲切感也就无从提及了。

但最常见的是，应该获取听众兴趣的开头却常常是演讲中最枯燥的部分。譬如说，我最近听到一个演讲人这样开始："要依赖上帝，并且相信你自己的能力……"这样的开头说教的意味太重，就像是白水煮的白菜，毫无味道啊！可是再听听他的第二句话，就要有意思得多了，其中有股让心脏悸动的力量。"1918 年我父亲去世，我新寡的母亲有 3 个孩子要教育，却又身无分文……"为什么那个演讲人不第一句话就讲说寡母领着三个嗷嗷待哺的幼儿奋斗求生的事情？

如想引起听众的兴趣，不要企图以格言开始，而是在一开始就跃入故事的核心。

《我如何在销售行业中奋起成功》一书的作者弗兰克·华杰就是这样做的。他还是一名悬疑大师，能够在第一句话里便制造悬念。一次，在美国工商会的赞助下，他与我在全美各地做巡回演讲，讲说有关销售的诀窍。他演讲得十分"热心"，开头的方式更是高妙无比，总叫我由衷地赞佩。一不讲道，二不训话，三不说教，四无概括的言论，他一开口便直击题目的核心。以下是他在谈"热心"时的第一句话：

在我开始成为职业棒球选手后不久，我遭遇到了一生中最令我震惊的一件事情。

这样的开场白对听众会产生怎样的效果？我当时就在现场，所以我亲眼见到了他们的反应——他立刻就引起了大家的注意，他们都急着想知道，他为何会震惊，以及最后的结果怎样。

听众尤其最喜欢听演说者叙述自己生活经验中的故事。罗素·康威尔发表他那篇著名的演讲《如何寻找机会》多达六千多次，收入数百万美元之多。他那篇最著名的演说是如何开头的呢？且听：

1870 年，我们前往底格里斯河游历。我们在巴格达雇用了一名向

导，请他引导我们参观波斯波里斯、尼尼维及巴比伦等古迹。

不难看出，他的开场白就是一段故事。而这恰恰是最能吸引读者注意力的方式。这样的开场白就跟打了包票似的，很少失败。它促使你同他一起向前迈进，我们作为听众则紧随其后，想要知道后面会有什么事情。

在某一期的《星期六晚邮》中，有两篇作品是以故事作为开头，兹摘录如下：

一把左轮手枪发出的尖锐枪声，划破了死寂。

在七月的第一个星期，凡佛市的山景旅馆发生了一件事。就这件事的本身来说，只是小事一桩，但是从它可能造成的后果来看，事情可不能算太小。这件事引起旅馆经理格贝尔的强烈好奇。因此他把此事告诉了山景旅馆的老板史蒂夫·法拉雷。几天以后，法拉雷先生前往他属下的几家旅馆进行视察时，又把这件事告诉另外六家旅馆的人员。

我们都已注意到，这两段开场白全都有行动。它们一开始就会引起你的好奇心，你希望念下去；你想要知道更多的内容；你想要发掘出这两篇作品究竟想要说些什么。看到了吧，效果就是这样明显。

运用这种说故事的技巧来引起听众的好奇心是非常有效的，即使是经验欠缺的演讲者，也能制造出一个很好的开场白，引起听众的注意，使演讲获得成功。

第四，以要求听众举手作答的方式，可以立即引发注意。

演讲中请听众举手回答问题，也是一个可以引起听众兴趣与注意的绝妙方法。举例来说，在谈"如何避免疲劳"时，我就曾经以这个问题来开头：

请大家举一下手，各位当中有多少人，是在自己还不应该疲倦前就早早地疲倦了？

应该牢记的是：在准备请听众举手时，要先给大家一点警示，告诉他们你要这么做。不要开口就说："这里有多少人相信所得税应该降低的？让我们举起手瞧瞧。"应该这样说："我要请各位举手回答一个对各位而言十分重要的问题。问题是这样的：'各位有多少人相信货品赠券对消费者有好处？'"这样，听众在作答时会因有准备而踊跃一些。不至于因听到你的话不明所以而无法回答，这样你就失去了演讲应有的效果。

恰到好处地运用请听众举手的技巧，可以获得意想不到的结果，这就是所谓的"听众参与"。当你使用它时，你的演讲就已经不是单方面的事情了，因为听众已经参与到了其中。当你问道："各位当中有多少人在觉得自己不该疲倦以前就早早先疲倦了"时，人人就已经都开始想这个他所喜爱的题目了：他自己，他的痛楚，他的疲倦。他举起手来，可能还会四下张望看看还有谁也同样举起手了。他已忘记自己是在听演讲，他笑了，他对邻座的朋友点头了，冰冷的气氛也就打破了。而你作为演讲人，便立刻轻松起来，气氛顷刻就会谐调融洽起来。

第五，告诉观众如何获得他们想要的，可以立即引发注意。

还有一个可令听众密切注意你的演讲的好方法，就是告诉听众，如果他们按你的建议而行，即可获得他们想要的。请看下面的例子：

我要告诉各位怎样防止疲倦——我要告诉各位，怎样使自己每天多增加一个钟头清醒的时间。

我要告诉各位怎样在实质上多增加收入。

如果各位听我讲上 10 分钟，我答应一定告诉各位一个包管让你更受欢迎的方法。

这种担保式的开场白往往会引起听讲人的注意，因为它直接触及了听众的切身利益。演讲人经常容易忽略自己的题目与听众的兴趣之间存在的相互联系，他们不注重去打开通往听众的注意之门，却总是说些无趣的开场白，追溯题材的由来，啰啰嗦嗦地大讲题目的背景，这样容易使听众的注意力很快分散。

我曾经听到过一次了无意趣的演讲，题目本身对听众颇为重要：定期健康检查的必要性。但是，演讲人是如何开始的呢？他是不是以巧妙的开场白来增加自己题材的自然与吸引力了呢？没有。他一开始就无滋无味地背上一段延年益寿研究所的历史，一下子就令听众对他和他的题目兴味索然了。若按着"答应"的技巧来建构开场白，效果肯定会大不一样。请看下例：

根据统计数字，你可知道你能活多久？根据保险公司的统计，你的平均寿命大概是你目前年龄与 80 岁之间的三分之一。例如，你今年是 35 岁，你目前年龄和 80 岁之间的差距是 45 岁，那么，你大概可以活到这个数目的三分之一，也就是说，你最少还可以活 30 岁……当然，只活 65 岁，显然是我们都不愿意的，我们都热切期盼能多活几年。但是，这些统计数字是根据几百万份记录而科学计算出来的。那么，你我是不是能够突破这项限制呢？答案是肯定的。只要有足够正确的预防，我们就能办得到。但第一步就是要进行一次彻底的健康检查……

演讲进行到这里，如果我们再详细解释进行定期性健康检查的必要性，听众也许就会对为了提供这项服务而成立的公司感兴趣了。然而，如果一开始就用一种冷淡的方式谈到这家公司，听众一定不会感兴趣，演讲就一定会失败。

我还听过一位学生演讲，题目是"保护森林，刻不容缓"。他一开头就说：

"每一位美国人，都应该为我们国家的资源感到骄傲……"然后，他向我们指出，我们正在大量浪费我国的木材。但是，他这段开场白很糟糕，既普通又含混不清。它没能阐述他的讲题和我们的关系有多么密切。试着想想，听众当中也许正好有一位商人。我们的森林遭到破坏，可能对他的事业造成重大影响。还有一位是银行家，这件事对他也会有影响，因为这件事会影响到我们的一般性经济景气等等。那么，为什么不换一种方式作为开场白？"我今天所要演讲的题目将会影响到你的事业，博比先生；还有你的未来，绍尔先生。事实上，从某些方面来看，它还会影响到我们所吃的食品价格，以及我们所付的房租；毫不夸张地说，它对我们大家的收入和生活也影响颇深。"

如此说来，是不是过于夸大了保护森林的重要性？我从不这样认为。这样做只不过是服从于胡巴德先生指示的："把事情说得严重一点，说话的方式无非是引起别人注意罢了。"

第六，使用展示物，可以立即引发注意。

我们在演讲时，要想吸引人们的注意力，最简单的方法可能就是拿起某件东西高举着，让人们看着它。即使是土著和傻瓜、摇篮中的婴儿、商店橱窗中的猴子，以及街道上的小狗，都会情不自禁地去注意这种刺激性的举动。运用这种方法，即使在最严肃的听众面前也能发挥很大的效果。例如，费城的艾利期先生在一次演说时，一开始就用拇指和食指捏住一枚硬币，将它高高举起到超过肩膀的高度。在场的每一个人很自然地都朝他的这个举动望去。接着，他才问道："是否有人在人行道上捡到像这样的一枚硬币？这枚硬币不是一枚普通的硬币，它上面写道：'凡捡到这种硬币的幸运者，将可在各类房地产开发上获得许多减免优待。你只须把这枚硬币交给主办的公司即可……'"艾利斯先生接着便开始谴责这种荒唐及不道德的行为。

艾利斯先生的开场白除了使用展示物外，他还使用了另一特色。他一开始就提出了一个问题，让听众与演说者一起思考，和他进行合作。注意，《星期六晚邮》杂志上的那篇"论歹徒"的文章，在开头的三句话中，就包含了两个问题："歹徒们真的有组织吗？他们又是怎样组织的呢？"使用疑问号，是一种能打开听众思想，让他们接受你观点的一种最简单且又最有效的方法。当其他的方法已被证明毫无效果之后，你可以随机应变地采用这种技巧。

第七，以某位著名人物提出的问题作为开场白，可以立即引发注意。

著名人物的言论往往最能吸引人们的注意力。所以，他们所提出的某个合适的问题，是用来展开演说的最好方式。下面这一段是讨论"商业成就"的一篇文章的开场白，你看是不是很有特色。

这个世界只把财富和荣耀同时奖赏给一种东西，艾伯特·胡巴德说，那就是进取的精神。什么是进取精神呢？我可以告诉各位，那就是在没有人告诉你应该怎样干的情况下，你就已经在进行着的正确行动。

这个开场白，有几个非常显著的特点。第一句话就引起了听众的好奇心，它引导我们向前，以便诱使我们想要知道更多的内容。如果演说者在提到"艾伯特·胡巴德"这一句话后，技巧性地暂停一下，就会制造出一种悬疑的气氛。我们会忍不住问道："这个世界要把财富及荣耀同时奖赏给谁呢？"快点说出来吧，赶快告诉我们；我们或许不同意你的说法，但不管如何，还是请你把你的见解告诉我们吧，第二个句子立刻把我们引进问题的中心。第三个句子是一个问句，邀请听众们参与讨论，一起思考，并采取一些行动。而听众一向是最喜欢有所行动的；他们非常乐意进行这样的思考。第四个句子则说出"进取精神"的定义。在说完这段开场白以后，演说者接着以一段极有兴趣的极具人情味的故事来说明这种"进取精神"。如此，单就这篇讲稿的结构来说，它无疑可以被评定为一篇杰作。

第八，看起来很自然的开场白。

下面是玛莉·理奇蒙向纽约妇女选民联盟的年会发表的演说，因为当时美国国会尚未通过禁止早婚的法律。读完后看看有什么感想。

昨天，火车经过离此地不远的一个城市时，我想起了几年以前在那儿发生的一起婚姻事件。由于目前的许多婚姻也像这个婚姻那般草率和不幸，所以我今天打算讲述一下这个例子的所有细节。

12 月 12 日那天，那个城市的一名 15 岁的高中少女，第一次遇见了附近一所学院的三年级男生。这位男生刚刚达到法定结婚年龄。12 月 15 日，也就是距离他们相遇不过 3 天，他们竟一同去领取了结婚证书。他们发誓说那名女孩子已经 18 岁，所以无须征得父母的同意。这对小情侣取得证书后，离开了市政府，立刻向一位神父请求证婚（那女孩子是天主教徒），然而神父看出了他们的年龄奥秘，拒绝了替他们证婚。后来，通过某种方式，也许是由这位神父透露的，少女的母亲得到了这项企图结婚的消息。但是，在她找回她的女儿以前，这对小情侣已经找到地方上的一名保安官员替他们证了婚。然后，新郎带着他的新娘住进了一家旅馆，在那里住了两天两夜。第三天，新郎离新娘而去，此后一直杳无音讯。

我对这段开场白异常赞赏。第一个句子就相当好。它预先暗示了一段令人感兴趣的回忆。我们希望了解这件往事的细节。我们安安心心地坐下来，想要听一段有趣味的故事。除此之外，这段开场白还显得十分自然。它不像一篇研究报告，过于正经严肃，它不会使人觉得演说者对这件事下了很大的心血……"昨天，火车经过距离此地不远的一个城市时，我想起了几年以前在那儿发生的一次婚姻事件。"这句话听起来很自然，不造作，又很有人情味，而且也很像某人正在向另一个人叙述一段很有趣的故事，听众爱听的就是这样的演讲。但在这样做时，非常容易陷于太过详细地叙述，使听众觉得好似下了一番苦心，但效果反而适得其反。我们所需要的是，使你看不出斧凿痕迹的艺术。

上面的方法均可视情况而随心运用，或者分开，或者并用。你要注意的是：如何让你的演讲密切关联着听众，使你所传达的讯息，全盘被观众接纳。

第九，不要以所谓的幽默故事开头。

多年来，杰克·班尼一直使用这种技巧，他是广播上最早"作弄"自己的重要人物之一。杰克·班尼常常以自己做笑柄，取笑自己的小提琴技艺、自己的小气和自己的年纪。他妙语连珠，亦庄亦谐，使收听率几年来持续居高不下。对那些能够竭尽巧思，不骄矜自负，而又能幽默风趣，不讳言自己的缺陷和失败的演讲人，听众自然会把心扉向你展开的。相反，那些"打肿脸充胖子"的冒充无所不知的专家模样的演说者，则只会造成听众的冷漠和排斥。

几乎任何人都能把毫不相干的事物牵连在一起，使听众哈哈大笑，比如，有位报纸的专栏作家说，他最痛恨"民主党人，牛肚和小孩子"。

英国著名作家吉卜龄在向一个政治团体发表演说时，在开场白中说了一个笑话，引起了全场听众捧腹大笑。现在你一定想知道，他是怎样聪明地引人发笑的吧？其实，他叙述的并不是一些陈旧的逸闻往事，而是他自己的一些经验，并且还以玩笑话特意强调其中的一些不对劲之处。

主席，各位女士先生：我年轻时，曾经在印度当记者，专门替一家报社报道犯罪新闻。这项工作很是有趣，因为它让我认识了一些骗子、拐骗公款者、谋杀犯以及一些极有进取精神的正人君子。（听众大笑）有的时候，我在报道了他们被审判的经过后，会去监狱看看这些正在服刑中的老朋友。（听众大笑）我记得有一个人，因为谋杀而被判无期徒刑。他很聪明，说话也显得温和而有条理，他把他自称的他的"生活的教训"告诉我。他说，"以我个人为例，一个人一旦做了不诚实的事，就难以自拔，一件接一件不诚实的事一直做下去。直到最后，他就会发现，他必须把某人除掉，才能使自己恢复正直。"（听众大笑）哈，目前内阁不正是这种情况吗？（听众大笑及欢呼）

塔夫脱总统在大都会人寿保险公司的年度主管酒会上也运用这种方式制造了不少的笑料。最使人叫绝的是，他不但令大家捧腹大笑，也同时对他的听众大加赞扬了一番。

总裁先生及大都会保险公司的各位先生们：

我上次回家乡度假至今已有 9 个月了。在那儿，我听了一场由一位先生在会餐后发表的演说；这位先生说，对于这样的演说，他感到有点惶恐。于是就向一位朋友请教，因为这位朋友对于在会餐后发表演说有极为丰富的经验。这位朋友向他建议说，对一个在会餐后发表演说的演说者来说，最好的听众便是那些智慧很高、受过良好教育但已经喝得半醉的听众。（笑声和掌声）现在，我所能说的是，我眼前的这些听众，是我所见过的最好的一批听众。这位演说者所提到的这类听众，就坐在咱们这儿呢！（掌声）我还有句话必须要说那就是，我们大都会人寿保险公司的精神就在于此。（掌声经久不息）

第十，不要以道歉开头。

还有一个错误，也是初学演说者在开场白容易犯的，他会习惯性地向听众表示抱歉："我不是一名演说者……我本来不准备发表演说……我没有什么好谈的。"

这样讲是绝对不行的！吉卜龄所写的一首诗的第一句就是："再继续下去，实无用处。"对于一开头就表示抱歉的演说者，听众心中想的也正是这句话。

因为你事先未做准备，我们之中的某些人就会认为他实在不用你加以指点。而其他的人也许不会发现，你又何必唤起他们的注意力。为什么要侮辱你的听众？——因为你这样说，等于是在对他们暗示，你认为他们不值得你去准备，而且你在火炉边无意中听来的一些资料就足以满足他们。不，不，我们不愿意听到你说抱歉。我们聚集一堂是要听取新的消息及意见，并激起我们的兴趣。这是初学演讲者应该牢记的。

演讲者初出现在听众面前时，很自然而且无可避免地会引起大家的注意。在接下来的5秒钟内继续维持这份注意力并不困难，可要在以后的5分钟内继续维持这份注意力，那就很困难了。一旦失去了听众对你的这份注意力，要想再争取回来，那更是加倍困难。所以，你在第一个句子中就要说出某些吸引听众兴趣的话。不是第二个句子，更不是第三句。而是第一句！第一句。

（2）演讲正文。

第一，支持主要意念。

在较长的演讲中，要点可能会有好几个，但若想持久地引起听众共鸣，要点应越少越好，而且对于每一个要点都要有支持的材料。在前面我们曾经讨论过一种支持演讲重点的方法，那就是借故事，或出于自己生活的经验来说明，让听众按演讲者的要求去行事。这种类型的例子很受欢迎，因为它正合乎人们的口味，那就是"人人爱故事"。事件或者意外一般是演说者最常用的例子，但它们却不是用以支持要点的唯一方法。另外，你还可以使用统计数字、依科学方式归纳的图解、专家的证言、类比、展示或证明等等，这些都有异曲同工之妙。

第二，使用统计数字。

统计数字是用以证实某种情况时，经过挑选，概括的专门数据，它们也能给你深刻的印象，而且很有说服力，特点是它具有证据的功用，是孤立的事例所不能企及的。沙克预防小儿麻痹疫苗所以被认为确实有效，是因为它依据的是全国各地的统计数字。诚然，也有个别无效者，但是那只是极个别的一种例外。根据这一例外而发表的议论，是不能使为人父母者相信沙克疫苗能保护自己孩子的。

但是数字本身容易遭人厌烦，应明智而审慎地使用。在使用时应配合其动态语言，以令其具有鲜活的色彩。

下面这个事例可以用来说明，把统计数字和我们所熟悉的事物相比较，可以收到加强印象的效果。一位主管认为纽约人太疏懒，他们习惯于不马上去接听电话，因而造成大量时间损失。为了支持自己的论点，他用数字进行了强调：

每100通电话当中，有7通显示，在收受电话的人回答之前，有超过一分钟的耽搁。每天共有28万分钟损失在这种方式之下。如果以6个月的时间为期，纽约的这种对时间的耽搁，便差不多和自哥伦布发现美洲以来已经过去的营业时间相等。

在演讲中，仅仅只提出数字、数量本身，是不会留给人们什么印象的，它们必须佐以实例。假使可能，还必须用我们自己的经验来叙说。记得在大坝水库下面的一个大发电房里，我曾经听过一个导游的

解说。他原本可以告诉我们这个房间的平方英尺等数字的，但那样与我们下面介绍的他所使用的方法相比较，说服力就会相差百倍！他告诉我们这个房间的宽广程度，足以容纳1万人在一个规划的球场上观赏足球赛，另外每边的空地还可以开辟数个网球场。

在我的布鲁克林中区青年基督徒协会的演说班里，以前有一个学生，他在某次演讲中提到前一年毁于火灾的房屋数目。他并没有直接告诉我们有多少间被毁，而是用了一个比喻——

假如将这些烧毁的建筑并排放置，由此排成的长龙可由纽约接至芝加哥，而且，假如把在火灾中丧命的人们每半英里放一个，这条惨愁的长龙便又可从芝加哥排回到布鲁克林。

他所列举的数字，我几乎没有一点印象，可是过了这么多年，我却依旧心有余悸，仿佛看到了那一长列燃烧中的建筑，一路由曼哈顿岛延伸到伊利诺伊州的库克县的熊熊火海。

第三，使用专家的证言。

使用专家的证言，也是在演讲中应使用的主要技巧。使用这种技

巧常能有效地支持自己所要发表的观点。不过在使用之前，宜先回答下列问题作为检验：

其一，将使用的引述是不是正确？

其二，它是不是取自该人士的专门知识领域之内？比如在讨论经济学时，却引述的是乔·路易的话，你这样做显然只是在借用他的姓氏，而非他的专才。

其三，引述的对象是不是为听众所熟知和尊敬？

其四，该引述是不是确系根据第一手资料而出，而不是个人的兴趣或偏见？

我在布鲁克林商会的班上有一个学员，以前他在讲到专业化的必要时，常常喜欢以引述安德鲁·卡耐基作为开始。他的选择明智吗？我看还是比较恰切的，因为他的引述正确，并且他所引述的人够资格谈论有关事业成功之事，因此受到听众的尊敬。他所引述的这段佳言，今日仍然值得复述：

我相信在任何一行里，通往出人头地的成功之路，在于使你自己成为那一行里的大家。

我不相信分散个人才智的策略，而且依我的经验，就算有吧，我也很少碰见有人多方面的分心，而仍能在赚钱方面成为人上之人——在制造业方面我更确定没有。能成功的人都是那些选定一行，便执著坚持的人。

第四，使用类比。

根据韦氏字典，类比是指"两样事物之间相似的关系……非存在于事物本身的相像，而在于两种或两种以上的性质、状况或效用的相像"。

在演讲时，使用类比支持一个主要论点也是一个非常重要的技巧。以下便是一段题目为《需要更大电力》的演讲摘录，是吉拉德·戴维生在任职内政部助理秘书时的演讲稿。请注意他怎样利用类比来做比较，以支持自己的论点。

繁荣的经济必须要不断向前迈进，不然就会陷于紊乱。就犹如飞机停憩于地面时，只是一堆无用的螺钉、螺帽的组合。但是它一旦在空中飞行时，就会如鱼得水，发挥它有效的功能。为了要在高空停留，它必须继续前进。它若不前进，停留就会使它失去平衡，从空中栽下来。

这里有另一个类比，它恐怕是演说史上最杰出的类比了。它是林肯在艰难的南北战争期间，回答批评他的人所使用的。

各位先生，我想让各位来做一番假设。假设你所有的财产都是黄金，而你把它交付给著名的走绳索家伯罗丁手中，让他将之通过绳索带到尼亚加拉瀑布那边去。当他行经在瀑布之上时，你是否会摇动绳索，或不断地干扰他，喊叫他，让他"再俯低些！再走快些！"不会的，我确信你肯定不会。相反，你会屏息闭嘴，肃立在一边，直到他安全地走过。现在政府也处于和他相同的境地。它目前正背负着巨大的重量要越过狂澜汹涌的海洋，数不尽的财宝就握在它的手中。它正竭尽所能地工作。请勿打扰它！只要保持沉着，它便能带着大家的希望安然抵达对岸。

第五，使用展示。

一家钢铁锅炉公司的主管说，为了更好地对代销商进行讲解，他们需要一种好的方法，以便戏剧性地说明燃料应由火炉底部加入，而不是由顶部加入。于是他们想出了这个简单而又有力的展示方法，演讲人先点上一支蜡烛，然后说道：

请看这火焰烧得多么明亮，它蹿得多么高！想必你们已经注意到了，火焰并不冒烟，这是由于所有的燃料实际上都被转化成了热能。

蜡烛的燃料是由底下供应，就好比钢铁锅炉是众火炉底部添加燃料一样。假设这支蜡烛是由顶上供应燃料的，火焰就会像手拨的火炉那样。（就在这时，演讲人将蜡烛上下倒置过来。）

请各位留意火焰是如何逐渐灭掉的，闻闻这股烟味，听，它在噼噼啪啪作响。瞧瞧这火焰，由于它的燃烧不充分，变得多红。直至最后，由于来自顶上的燃料不足，火焰也随之熄灭了。

亨利·罗宾逊在几年前为《你的生活》杂志写了一篇有趣的文章："律师如何才能胜诉。"文中描述了一位名叫亚伯·胡莫的人，他是一家保险公司的律师，他在和人进行一场有关伤害诉讼时，就十分有效地运用了戏剧性的展示表演。原告波士特先生主诉的事由是：自己被电梯从通道上摔下，致使肩膀严重受伤，右臂根本无法举起。

胡莫对此显得尤为关切。"波士特先生，"他信心十足地说，"请让陪审团看看你能把手臂举多高。"波士特小心翼翼地把手臂举至耳齐。"现在再让我们看看，在受伤以前，你能把手臂举多高。"胡莫这样怂恿他。"像这样高"原告说着便不自觉地伸直了手臂，高举过肩。

陪审团对原告先生这番举动到底是如何反应，就不言自明了吧。

在较长演讲中，要使听众始终集中注意力，有三、四个要点需要特别注意。它们不到一分钟就能说完，向听众照本宣科地叙说将是枯燥乏味的。那怎样才能让这些论点生动活泼起来呢？那就是你所使用的支持材料，它会让你的演讲火花迸射，情趣顿生。借用事件、比较和展示，可令你的主要意念清晰地呈现出来。借用统计数字和证词可以有力地说明事实，并加强主要论点的重要性。

结尾要具有高潮性

在演说中，不知你是否知道，有哪些部分最能显示出你到底是一个缺乏经验的新手，还是一名演说专家？是一个笨拙的演讲者，还是一个极有技巧的演讲者？我告诉你，那就是开头与结尾。戏院里有一句衡量演员的优劣的老话是这样说的："从他出场及下台的情形，就可知道他是不是一个好演员。"

对于任何一种活动，开始和结束都是最不容易纯熟地表现的部分。例如，在一个社交场合，优雅地走进会场，以及优雅地退席，不就是最需要技巧的一种表现吗？在一次正式的会谈中，最困难的工作，不就是一开始就赢得对方的信任，以及成功地结束会谈吗？

不过，一般初学演说的人，很少会注意到这一点的重要性。他们的结尾常常令人感到失望。

就是林肯这样杰出的演说者，在他第一次的就职演说的原稿中也犯有的错误。在发表这项演说的当口，形势非常之紧张，冲突急速加剧，浓浓的乌云正在头上盘旋。几周之后，血腥与毁灭的暴风雨立刻在美国各地爆发。林肯原本想以下面这段话作为他向南部人民发表就职演说的结束语：

各位心存不满的同胞们，内战这个重大问题将如何解决，就看各位怎么做了，而不是我说了算。政府不会指责你们。你们各位若不当侵略者，就不必为遭遇冲突担忧。你们没有与生俱来的毁灭政府的誓言，但我却有一个最严肃的誓言，要我去维护、保护及为这个政府而战。你们可以避开对这个政府的攻击，而我却不能逃避保护它的责任。

和平或是大规模的战争？这个庄严的问题掌握在各位手中，而不是在我手里。

他把这份演讲稿拿给国务卿西沃德过目。西沃德很明确地指出，这段结尾太过直率、太过鲁莽、太具刺激性。因此，西沃德试着修改这段结尾词，并且写了两种供他选择。林肯对其中的一种稍加修改之后，用来代替原来讲稿的最后三句话。这样一来，他的第一次就职演说就不像原稿那样具有刺激性及鲁莽了，而强调更多的是友善。这也展现了他的纯美境界及如诗的辩才。

我痛恨发生冲突。我们不是敌人，而是朋友。我们绝对不要成为敌人。强烈的情感或许会造成紧张情势。但绝对不可破坏我们之间的情感与友谊。记忆中的神秘情绪，从每一个战死疆场及爱国志士的坟墓延伸到这块广袤土地上的每一颗活生生的心及每一个家庭，将会增加合众国的团结之声。到了那时候，我们将会，也必然会，以我们更佳的天性来对待这个国家。

你可以去研究一些成名演说家的方法。当年，威尔士亲王在多伦多帝国俱乐部发表的演说的结束语就非常值得每一位演说者学习。

诸位，我很担心。我已经脱离了对自己的克制，我已经对我自己谈得太多了。但我想要告诉各位，你们是我在加拿大演讲以来人数最多的一批听众。我必须要声明，我对我自己的地位的感觉，以及我对与这种地位同时而来的责任的看法——我只能向各位保证，将随时恪尽这些重大的责任，并为此竭尽全力，不辜负各位对我的信任。

我想无论是谁，都会"感觉"到这就是结束语。它不像一条未系好的绳子那样在半空中摆荡，它也不会显得零零散散的未加整修。它已修剪得好好的了，它已经整理妥当，这应该是结束的时候了。

在国际联盟第六次大会召开之后的那个星期天，著名的霍斯狄克博士在日内瓦的圣皮耶瑞大教堂发表演说。他选择的题目是："拿剑者，终将死于剑下。"下面是他这次演讲词的结尾部分。读了之后，你会感觉到，他所表现的是如此美丽、高贵而又富有力量。

我们不能把耶稣基督和战争混为一谈——问题的关键就在于此。这也是我们今天所面临的挑战，并且应该激发起基督的良心。战争是人类所蒙受的最大及最具破坏性的社会罪恶！这绝对是残忍无比的行为！就其整体方法及效果而言，它代表了耶稣所不曾说过的每一件事，也不曾代表耶稣说过的任何事。它非常明显地否认了关于上帝与人类的每一项基督教义，甚至远远超过地球上所有无神论者所能想象的程度。假如能看到基督教会宣称它将为我们这个时代最重大的道德问题负责任，并看到它有如在我们父辈时代所提出的明确的道德标准，以对抗目前我们这一时代的异教邪说，拒绝让良心受制于一些好战的国家，将上帝的国度置于民族主义之上，并呼吁这个世界追求和平，这岂不是极有价值的吗？

此时此地，作为一个美国人，置身于这个高耸着自由女神像的屋顶下，我不能代表我的政府发言，但是我愿以美国人及基督徒的双重身份，代表我的几百万名同胞发言，祝福你们完成了一项伟大的任务，即让我们信任你们的伟大任务。我们为它祈祷！假如无法完成，我们将深感遗憾。我们已经过了多方面的努力，大家的目的是相同的——追求一个和平的世界。再也没有比之更好的目标值得我们去奋斗了。舍此目标，人类将面临有史以来最为可怕的灾祸。就好比物理学上的万有引力定律，在道德领域中的上帝法则是没有种族与国家的界限：
"拿剑者，终将死于剑下。"

试想，如果没有了林肯第二次就职演说结尾部分的那种庄严的语气以及如钢琴般优美的旋律，那么，我们所选录的演说结尾就不能算是完整的。牛津大学的校长厄尔·柯曾高度赞扬这次演说"不仅是人类辩才中的杰出代表，而且是超凡脱俗的神圣杰作"。且听：

让我们用真心去祈祷，用真诚去希望，愿这战争的灾难尽快远离我们的生活。但是如果上帝的旨意是要使这场战争持续到将 250 年来由那些无报酬的奴隶所积聚的财富完全耗尽，持续到受皮鞭鞭打而流出的每一滴血都要用由刀剑砍伤而流出的血来赔偿，那么，我们也必须说出 3000 年前相同的那句话："上帝的旨意和审判是公正严明的。"

不对任何人怀有敌意；对所有人都心存慈悲，坚守正义的阵营，上帝指引我们看见正义，让我们努力完成我们目前正在进行的任务；让我们来共同缝合战争的创伤；让我们去关爱在战争变成寡妇的女人和变成孤儿的儿童；让我们永远珍视和维护本民族及全人类的和平！

在我看来，这是由凡人口中所曾经发表过的一段最美妙的结尾。你是不是和我的看法一样呢？在演讲文学的领域中，除了这篇演讲稿之外，你还能找到一篇比这更具人性、更充满爱意、更充满同情心的段落吗？

威廉·巴顿在《亚伯拉罕·林肯的一生》一书中说："葛底斯堡演讲已经是典范之作了，但是这篇演讲却提升到了更高一层的地位……这是亚伯拉罕最伟大的一篇演讲，它把他的智慧及精神力量发挥到了最高境界。"

"它就像是一首圣诗。"卡尔·舒尔兹写道，"从古之今没有一位统治者能讲出他那番话。而单就历届美国总统而言，也没有人能用如此完美的语言来表达自已的心声。"

可是，你并不会以总统的身份在华府发表演说，也不会以总理的身份在渥太华或堪培拉发表演讲。或许，你的问题只是如何在一群社会工作人员面前结束一次简单的谈话。你应该怎么办呢？且让我们稍微研究一番，看看是不是能发掘出一些有用的建议。以下是一些建议：

（1）总结你的观点。

哪怕是在只有5分钟的简短谈话中，一般的演说者也会不知不觉地使谈话范围涵盖得很广，以至于在结束时，听众对于他的主要论点究竟是什么仍然感到迷惑不解。但只有极少数的演说者会注意到这种情况。他们有一种糊涂的认识，认为这些观点在他们自己的脑海中就像水晶那般清楚，所以听众也应该如同他们一样明白才对。事实并不尽然。演说者对自己的观点已经思考过相当长的时间了，但他的观点对听众来说，却是全新的。它们就如同一串撒向听众的弹珠。有的可能会落在听众身上，但绝大部分则零散地掉在了地上。听众的感觉可能是：一大堆事情散乱地塞在大脑里，却没有一个清晰的思路。

芝加哥一家铁路公司的交通经理有一篇演讲的结尾非常精彩，请看：

各位，简而言之，根据我们在自己后院操作这套信号系统的经验以及我们在东部、西部、北部使用这套机器的经验，它操作简单，效果极佳，再加上它在一年之内阻止撞车事件发生而能节省下大量的金钱，所以，我以最急切及最坦白的心情建议：立即在我们的南方分公司采用这套机器吧。

我们发现这段结尾的成功之处了吗？大家可以不必听到他演说的其余部分，就可以看到并感觉到了那些内容。他只用了几个句子，就把他整个演说的重点全部概括进去了。

这样的总结是非常有效的，假如你也有同感，那么，你在演讲中何不也试试运用这项技巧呢？

（2）请求采取行动。

上面引用的那个结尾，就是"请求采取行动"结尾的最好例子。演说者希望听众能有所行动：在他所服务的铁路公司的南部支线设置一套信号管制系统。他请求公司决策人员（听众）采取这项行动，主要的原因在于：这套设备能够替公司省钱，又能防止撞车事件的发生。这不是一种练习性的演说。这项演说是向某家铁路公司的董事会发表的，目的是要说服公司答应设置其所要求的这套信号设备。

在请求采取行动的演讲中，当你说最后几句话时，假如你觉得要求行动的时间已经来到，就要果断地开口要求！要听众去参加捐助、选举、写信、打电话、购买、抵制、从军、调查、赦免无罪或者任何你想要他们去做的事。不过，进行此类演讲，务必要遵从以下原则：

第一，要求他们做明确的事——别说："请帮助红十字会"这样太过笼统的话，而是要说："今晚就寄出入会费 *1* 元，给本市史密斯街 *125* 号的美国红十字会。"这样明确具体的话，使人便于行动。

第二，要求听众做力所能及的反应——别说："让我们投票反对'酒鬼'。"这是办不到的事，眼下我们并未对"酒鬼"进行投票。不过，却可以请求他们参加戒酒会，或捐助某一为禁酒奋斗的组织。

第三，尽量使听众易于根据请求而行动——别说："请写信给你的参议员投票反对这项法案。"99%的听众都不会这么做的，他们并没有这样强烈的兴趣；或者太麻烦；或者他们忘记了。所以要使听众觉得做起来轻松愉快才行。怎么做？自己写封信给参议员，上面写道：

"我们联名敦请你投票反对第 *74321* 号法案。"把信和钢笔在听众之间传递，这样你也许会获得许多人的签名——虽然笔到最后可能会不知所终，但你却能达到自己的目的。

（3）简洁而真诚的赞扬。

伟大的宾夕法尼亚应该领先加速新时代的来临。宾州是钢铁的大生产者，是世界上最大铁路公司之母，是美国第三大农业州，也是美国商业的中心之一。她的前途无限，她身为领导者的机会光明无比。

史兹韦伯就是用上面这段充满激情与赞美的演讲结束他对纽约宾州协会的演说的。他的演说结束以后，听众感到愉快、高兴，并对前途充满乐观。这是一个令人敬佩的结束方式。但是，为了收到充分的效果，演说者的态度必须很真诚，不可阿谀奉承，更不可夸大其辞。这种方式的结尾，假如不能表现得很真诚，反而会显得十分虚伪，而且如同假的硬币一样，没有一个人会接受它。

（4）幽默的结尾。

演讲的结尾如果能以幽默告终，能起到一种渲染气氛、深化主题的作用。

乔治·苛汉说："当你说再见时，要使他们的脸上带着笑容。"假如你有这份能力，也有这种题材，当然很好，但要怎样才办得到呢？就如哈姆雷特所说的：这是一个问题。不同的人都有不同的表现方式。

洛伊德·乔治曾经在美以美教会的聚会上，向教徒们演讲著名传教士韦斯理（美以美教会的创始人）墓园的维护问题。这个题目非常严肃，大家都想不出有什么好笑的。然而，请各位注意，乔治却用他的语言和魅力办到了这一点，并且做得十分成功。同时，也请各位注意，他的演说结束得竟如此平顺而又漂亮。

我很高兴各位已经开始整修他的墓园了。这个墓园应受到尊重。他特别讨厌任何不整洁及不干净的事物。我想，他说过这句话，'不可让人看到一名衣衫褴褛的美以美教徒。'由于他，因此你们永远不会看到这样的一名美以美教徒。（笑声）假如任由他的墓园脏乱，那便是对他的极端不敬。各位都记得，有一次他经过德比夏都某处时，一名女郎跑过来，向他叫道：'上帝祝福你，韦斯理先生。'他回答说：'小姐，假如你的脸孔与围裙更为干净一点。你的祝福将更有价值。'（笑声）这就是他对不干净的感觉。因此，不要让他的墓园脏乱。万一他偶尔经过，这比任何事情都使他伤心。你们一定要好好照顾这个墓园。这是一座值得纪念的神圣墓园。它是你们的信仰寄托之所在。（欢呼声）

（5）以一首名人诗句作为结束。

除了幽默以外，在所有的结尾方法中，最能被听众接受的，就是诗句了。事实上，假如你能找到合适的短句或诗句作为你的结尾，那几乎是最理想不过的了。它将产生最合适的风味以及尊严、气氛，也能表现出你的独特风格；它将会使整篇演讲产生美感。世界扶轮社社长哈里·劳德爵士在爱丁堡向在当地召开年会的美国扶轮社代表团发表演说时，就是以这种方式结束了他的演说。

各位回国之后，你们之中某些人会寄给我一张明信片。假如你不寄给我，我也会寄一张给你。你们一眼就可以看出那是我寄去的，因为那上面没有贴邮票。（笑声）但我会在上面写些东西：

春去夏来，秋去冬来，

万物枯荣都有它的道理。

但有一件东西永远如朝露般清新，

那就是我对你永远不变的爱意与感情。"

这首短诗很适合哈里·劳德先生的身份及个性，当然也能配合他演说时的气势。所以，这段结尾对他来说，是非常合适的。

如果某位一向严肃而拘谨的扶轮社社员把它应用在一次严肃演说的结尾，那不仅显得有点突兀，甚至令人觉得有点荒谬。

我教授演讲的时间越久，越能清楚地看出，也越能生动地感觉到：要想举出能够适应所有场合的一般性规则，几乎是不可能办得到的。因为，绝大部分情况都要根据演讲的题目、时间、地点及演讲者的身份而决定。正如圣保罗所说的："每个人必须自行努力，以求解救自己。"

（6）高潮。

以高潮结束演讲，是一种比较常见的方法。但这种方法通常很难控制，并且，对所有的演说者以及所有的题目而言，这其实不能算是结尾。然而，如果处理得当，这种方法是非常好的。它逐步向上发展，达到高峰，句子的力量越来越强烈。

林肯在一次有关尼亚加拉大瀑布的演说中运用了这种方法。你可以发现，他的每一个比喻都比前一个更为强烈，他把他那个时代拿来分别和哥伦布、基督、摩西、亚当等时代相互比较，层层递进，因而获得了一种累积起来的效果。

这使我们回忆起过去。当哥伦布第一次发现这个大陆——当基督在十字架上受苦——当摩西领导以色列人通过红海——不，甚至当亚当首次从造物者手中诞生时，那时候，同现在一样，尼亚加拉瀑布早已在此地怒吼。已经绝种，但他们的骨头塞满印第安土墩的巨人族，当年也曾以他们的眼睛凝视着尼亚加拉瀑布，就如我们今天一般。尼亚加拉瀑布与人类的远祖同期，但比第一位人类更久远。今天它仍和一万年以前一样声势浩大及新鲜。早已死亡，而只有从骨头碎片才能证明它们曾经生存在这个世界上的有关巨象及乳齿象，也曾经看过尼亚加拉瀑布——在这段漫长无比的时间里，这个瀑布从未静止过一分钟；从未干枯；从未冰冻；从未合眼；从未休息。

著名演说家温代尔·菲利普斯在介绍有关海地共和国国父托山·罗勃邱的事迹时，也运用了相同的方法。他演说了那篇常常被演说的教科书摘录。我现在将它的结尾引述在下面，它有活力，有生气。虽然在这个讲求效益、讲求实际的时代，它已显得有点过于讲求修辞，但是这段讲词仍然令人深感兴趣。这篇演讲稿是在半个世纪以前写好的。"50年后，当事实被人揭露出来时，假如你能注意到，温代尔·菲利普斯对约翰·布朗与托山·罗勃邱在历史上的重要性做了极为错误的判断，这难道不是极为有趣的事吗？很显然的，就犹如预测明年股票市场或猪油价格非常困难一样，历史的发展方向也不是以人的意志为转移的。请看下面这段文字：

我想称他为拿破仑，但拿破仑是以自毁誓言及杀人无数而建立起他的帝国的；这个人却从未自毁承诺。"不报复"是他伟大的座右铭，也是他的生活法则。他在法国对他儿子说的最后几句话是："孩子，你最终有一天要回到圣多明哥，忘掉法国谋杀了你的父亲。"我想称他为克伦威尔，但克伦威尔只是一名军人，他所创立的国家随着他的死亡一起崩溃。我想称他为华盛顿，但华盛顿这位弗吉尼亚的伟大人物也养奴隶；这个人宁愿冒着丢掉江山的危险，也不允许买卖奴隶的情形出现在他国度内最偏远的村落。

你们今晚大概认为我是一个狂人，因为，各位并不是用眼睛在读历史，而是用你们的偏见。但是在 50 年后，当事实被人揭露出来之后，历史的女神将把福西昂归于希腊，布鲁特斯归于罗马，汉普顿归于英格兰，拉法叶归于法国；把华盛顿选作我们早期文明的一朵鲜艳及至高无上的花朵；约翰·布朗则是我们这一时代成熟的果实。然后，她把她的笔浸在阳光中，用鲜蓝色在他们所有人的上面写上这位军人、政治家及烈士的姓名——托山·罗勃邱。

寻找、研究、实验，直到你获得一段好的结尾及一段好的开场白。然后，把它们集中在一起。

不会删减自己的谈话内容以适应这个飞速发展的时代气氛的演说者，将不会受到欢迎，并且，有时候还会受到听众的排斥。

圣徒保罗的门徒、塔瑟斯诚的扫罗，也犯过这种错误。他在传道时滔滔不绝，直到后来，听众中的一名小伙子——一位叫尤太朱斯的年轻人——睡着了，并从窗口掉了下去，把脖子摔断了。

《星期六晚邮》的编辑罗里莫曾经告诉我，他总是在某一系列文章达到最受欢迎的高峰时，就把这一系列的文章停掉。读者们纷纷要求再多刊登一点。那么，为什么要停掉它们呢？为什么要在那个时候停掉？"因为，"罗里莫先生说，"在最受欢迎的高峰之后不久，读者就会获得某种满足感，而继续刊登下去则可能使读者厌烦。"

同样的明智抉择也可以应用在演说上面，并且更应该这样做。在听众迫切地希望你继续说下去的时候，就赶快停止。

耶稣基督最伟大的演说——《登山宝训》——只需要 5 分钟就能复述完毕。林肯的《葛底斯堡演说》也只有 10 个句子而已。《圣经·创世纪》中上帝创造世界的整个故事，所需要的时间，比你读早报上一篇谋杀案的报道所需的时间还要少……简洁、明了是演讲的生命。

尼亚沙兰副主教詹森博士写了一本有关非洲原始人的书。为了写这本书，他与他们生活在一起，观察他们，了解他们长达 49 年之久。他叙说道，如果一名演说者在村中的某项聚会中说话说得太多了，听众就会要求他住口，并且大叫"伊美托夏！""伊美托夏！"即"够了！""够了！"的意思。

还有，一个部落规定它的演说者只能用一只脚站着，当举起来的那一只脚的脚指头因支持不住而落地时，他就必须结束他的谈话了。

虽然在公共场合，一般听众都比较有礼貌，比较会克制自己，但是他们讨厌长篇大论演说的心情却是一样的。因此，演讲时，要注意听众的反应。我知道你不会对听众的烦躁、怨恨情绪置之不理的。

第三节 辩论的学习训练

1. 辩论的概念

辩论就是把对人进行考查后所作的鉴定加以认真分析，彼此用一定的理由来说明自己对事物或问题的见解，揭露对方的矛盾，以便最后得到正确的认识或共同的意见的一种讨论形式。

2. 辩论的三要素

（1）辩论中存在着持不同意见的双方或多方。有不同意见的双方或多方存在才能实现思想交锋。一个人不可能自己同自己辩论，一个人头脑中几种方案或做法的权衡和比较，那是思考或思辨而不是辩论。

（2）辩论必须针对同类事物或同一问题，即存在着同一论题。如果各方谈论的论题不同，就不能实现有意义的辩论。例如，一个人说"法律是有阶级性的"，一个人说"市场经济就是法制经济"，由于两人所认识的对象不同，因此两个观点不能构成辩论。只有当一个人说"法律是有阶级性的"，另一个人说"法律是没有阶级性的"这样两个判断才构成辩论。因为这两个判断所认识的对象相同，又是相互对立的思想，而这两个判断至多只能有一个为真，不可能都真。这样就有了谁是谁非的问题，就必然要引起辩论。

（3）辩论的诸方有或多或少的共同认识或共同承认的前提，如思维的同一律、不矛盾律、排中律和充足理由律以及正确推理的方法等，以及如社会公理、科学规律等是非真伪标准和价值取向。没有这些共同承认的东西，辩论只会是一场混战，不可能得出结论。总之，辩论诸方有共同的话题，而又有不同意见。从哲学观点看，辩论的诸方是一种对立统一的关系。

3. 辩论的特点

（1）辩论人员的双边性。辩论是双边活动，最少两人参加，单一方面只能是议论而已。

（2）辩论观点的对立性。双方观点是对立的，或是或非，这样才有辩论的可能，否则就是谈判。

（3）论证的严密性。只有合乎思维逻辑的辩论，才可能获胜，否则只能是诡辩。

（4）追求真理的目的性。辩论目的是追求真理，取得共识，辩论双方没有对错之分。

4. 辩论的心态

在人际交往中，每个人都会遇到相异于自己的人。大至思想观念，为人处事之道，小至对某人、某事的看法评论。这些程度不同的差异都会外化成人与人之间的争执与论辩。留心我们周围，争辩几乎无所不在：一场电影，一部小说，一个特殊事件，某个社会问题都能引起争辩；甚至连某人的发式与妆饰也能引起争辩。

从某种意义上看，不同见解的争辩过程是寻求真理的过程。辩论，就是为了探求真理，坚持真理，维护真理而相互劝说。然而由于论争的任何一方都想推翻对方的看法，树立自己的观点，故此，辩论和寻常说话不同，它是带有"敌意"的语言行为，因而有所谓唇枪舌剑之说。于是，大凡争论留给我们的印象都是不愉快的，最容易使我们良好的交际愿望落空。

如果你能够在论辩之前多投入一些思考，在论辩结尾搞好"善后"工作，就能使你在辩论这种特殊交际场合，既做到个人心情舒畅，探求了真理，又不伤人际和气。作为职业经理人，不可避免的遇到要与人辩论的情况，如何让对方赞同自己的观点又不伤和气，是一门需要训练的艺术。在 MBA 面试中，很多学校引进了辩论赛，清华更是辩论赛的典型代表。

（1）为争辩定下一个积极的格调。

第一，避免无益的争辩。

当你意识到自己的想法、意见与人相左时，当你的言行遭人非议时，你的之一本能大概就是奋起辩驳。许多毫无意义的事情往往就在这时发生了。为了避免无益的辩论，此时，你需对如下问题进行冷静思考：

首先，如果你能最终获得争辩的胜利，它有什么意义？没有什么积极意义，大可不必动用你的"唇枪舌剑"，一笑置之最妙。同样，你向别人提出"挑战"的时候，一定要选择有价值的，通过争论使自己和他人都能受到启发和教育的问题，不必在那无关宏旨的细节琐事上做文章。

其次，你的辩论一番的欲望更多的是基于理智还是感情原因？——诸如虚荣心、表现欲望或面子上下不来。如果是感情原因，大可就此打住。同样，我们向人提出问题是否有感情的因素？如有，就同辩论的实质——探求真理背道而驰了。所以最好别去做这种不积极的提示而把他人引入无谓争辩的歧途。

其三，对方是充满敌意的吗？他对你有深刻成见吗？如果是，那么在这种非理性的氛围中最好不要再火上浇油。同样，如果你是处于这样一种心境，绝对不要向对方提出论题辩论，因为此时你提不出理性的论点，在辩论伊始，就注定了你失败的命运。

第二，使争辩成为一种愉快的、和平的思想交换。

辩论是为了明是非，求真理。只要我们的辩论出自公心，就能采取积极的态度，使用积极、文明、恰当的论辩语言去参加辩论。

首先，树立正确的辩论价值观，即为追求真、善、美而去积极地争辩。做到观点正确，旗帜鲜明。

其次，树立正确的辩论道德观。把辩论置于科学基础之上。以理服人，让事实说话。辩论者要有高深的涵养；不搞诡辩，不揭隐私；不搞人身攻击；不把观点的敌对引申为人际的敌对；不靠嗓门压人，有理不在声高，如果你能有制有节的音调语气道出你的理，其效果不亚于如雷贯耳。

其三，用真情、善意、美感与人辩论，就能做到晓之以理、动之以情。理与情恰恰是列车通往"积极争辩"的双轨，缺一不可。有位诗人说过，全是理智的心，好像一把全是锋刃的刀，让使用它的人满手流血。在争辩中，"理"是争的目的和取胜的保证。然而人又是感情动物，如果你在论辩中既能做到以理制理，又能以情明理，你的辩论将会成为一种愉快的、和平的思想交流。你们彼此会以这样的话语来结束论辩："听君一席话，胜读十年书。""您让我心服口服。"真正是既争出了公理，又增进了人际和谐，达到了积极论辩的目的。

第三，掌握"解剑息仇"的妙方。

经过一阵唇舌剑，胜负已成定局。做好辩论的善后工作，具有非常重要的意义。在生活中，观点的对立极易产生人际间的隔阂。因此，学习辩论语言既要学会辩论技巧，更要懂得如何"解剑息仇"，这是在辩论这种特殊交际场合下，社交者做到言谈有"礼"的最高境界。下面就是使你达到这最高境界的三个途径：

首先，如果你失败了，而且败得其所，必须要有敢向真理低头的胸怀。向真理低头并不等于向论辩者本人低头。在真理面前人人平等。你所服从的是对方所道出的真理，只能说你同他一样，对真理有了同等水平的认识。在人格方面你们永远是平等的。所以，当你败下阵来的时候，应该以坦诚的态度来表达自己在这场争辩中所受的教益，以此道出你人格的伟大。在心理上足以弥补因辩论失败所造成的遗憾。

其次，如果你在辩论中已经眼见对方哑口无言，败势已定，便应拿出不杀降者的气魄来，一是主动打住话题，结束对立场面；二是巧妙地对为对方搭个台阶，让他在不失面子的前提下得以"平安下台"，胜负自是彼此心照不宣，何不抓住重归于和平的机会呢？

其三，如果你因辩论的需要而已经把对方打得一败涂地，切不可为了一点点虚荣把旗帜挂在脸上。人在得意时，克制更是一种美德。

争论结束后，给对方端一杯茶，笑言一句："瞧我们像孩子一样，这么认真！"或轻松自如地转一个话题。请记住：争论是一回事，人际交情又是一回事。人性都有很软弱的一面，易被击垮也易被扶起，你只要说一两句得体的话语，便可恢复一个刚刚失去的心理平衡，让他重返愉快平静，那又何乐而不为呢?!

（2）如何准备辩论赛。

论辩赛是许多青年同志喜爱的一项侧重于人们言辞表达能力的比赛。然而，不少青年，尤其是一些年轻的学生，虽参赛热情很高，却由于缺乏一定的论辩赛知识，或赛前不懂如何正确准备，或赛中不懂要领，初次上阵便遭受挫折。因此，对初学者来说，掌握一些论辩赛的基本入门知识显得十分必要。

那么，初次参加论辩赛的参赛队员在赛前该做好哪些准备呢？主要有四项：认识准备、核对准备、立论准备和试辩准备。

第一，认识准备。

所谓认识准备，是指参赛队员在赛前对"论辩赛"的性质和特点要有所认识。我们知道属于口头论辩的大致有三类：一类是专门场合下进行的有特定议题的论辩，如谈判论辩、法庭论辩；一类是由日常生活中、工作中的矛盾引起的人与人之间的争辩，如邻里争辩、同事间争辩、上下级争辩；再一类就是各种形式的论辩赛。前两种论辩，论辩双方各自有明确的立场和主张，辩论的目的是为了说服对方接受自己的观点或争取第三者支持自己的观点。于此同时，自己也有被对方说服或作出妥协的心理准备。论辩赛则不同，论辩赛是一种作为比赛项目来进行的模拟论辩（即论辩演习）。这种论辩往往不问论辩者本人的立场和主张，而侧重于人们的论辩技巧的比赛。比赛双方都不准备说服对方或被对方说服，而以驳倒对方、争取评委的裁决和听众的反响来击败对方。因此，这种比赛有以下三个特点：

其一是论辩的题目、论辩的程序、发言的时间等，都是由论辩赛的组织者所决定，参赛者必须按规定进行论辩，不能随意改变。

其二是比赛胜负标准包括立论、材料、辞令、风度以及应变技巧等综合因素、胜负由评委根据标准及主观印象进行裁定。

其三是论辩时只能针对对方的观点和理由进行攻击，而不能涉及对方的立场和人品。

初赛者了解了论辩赛的这些性质和特点，就不会在比赛中，在思想和方法上与日常争辩相混淆。

第二，核对准备。

某队初次参加论辩赛，到正式临辩时，他们突然发现黑板上写的辩题为《当今青年一代是否缺乏社会责任感》，而他们事先准备的辩题却是《当今青年学生是否缺乏社会责任感》。某队经过初赛、复赛进入了决赛，在决赛开赛前，突然听到比赛主持人宣布各方允许发言时间比初赛、复赛时增加一倍，而他们事先却按初赛、复赛规定的时间准备辩词。更有甚者，进入赛场后，双方才发现谁为正方谁为反方都未搞清楚。凡此种种，都是由于初赛者缺乏经验，在事先准备过程中缺少仔细核对有关比赛事项这一环所造成的。

前面已经说过，论辩赛是一项新近发展起来的比赛项目，目前虽有"国际雄辩赛"这样大型的论辩赛，但还没有统一的比赛规则。事实上，论辩赛的规模有大有小，层次有高有低，各主办单位的具体要求也会因时因地而不尽相同，所以论辩赛的规则也很难趋于统一。既然目前论辩赛的规则难于统一，这就要求参赛者在接到比赛通知后，不能立即简单地按照通知上的要求去准备，更不能想当然去准备，而应设法主动地找主办单位仔细核对一下通知上各项比赛规定和要求是否无误，包括辩题确切的字面样子，正反方所属，论辩程序细则，各位队员的分工和允许发言时间等，这既是为了确保本方准备辩词时无误，又是为了防止主办单位的工作上有可能失误。一些主办单位本身也是初次主办论辩赛，由于缺乏经验，难免出现疏忽，包括通知传递时的差错，这就要求参赛者每次都要主动认真地核对有关比赛事宜，以使比赛获胜取得起码保证。

第三，立论准备。

辩题被明确无误地确认后，参赛队员就可以根据辩题，共同商量，研究确立一个最有利于本方论证的具体的总论点。所谓最有利于本方，就是指该总论点不仅观点正确，旗帜鲜明，而且用之攻能破对方任何的立论，用之守能抵挡对方的任何攻击。能不能确立这样一个总论点是一次论辩赛准备的成败关键。

为了要确立这样一个总论点，首先要对辩题进行严格的审题，也就是要对辩题字面上的每个词或词组逐个进行概念分析，即通常所说的"破题"。这种分析要同时站在双方的立场审视，不能一厢情愿。尤其是要分析出哪些词或词组对对方立论具有潜在的有利因素，可能成为双方首先争论的焦点，因为一般的论辩赛双方都会抓住辩题中的某个词项解释入手开始辩论，有时会出现整个论辩赛始终围绕这种解释来进行。因此，尽量设法站在一定理论高度，对辩题作出有利于本方观点的界定，以获得大多数听众的"公认"，是极为重要的一环。为了典型说明这个问题，下面试举 1990 年第三届亚洲大专辩论会一例。

1990 年第三届亚洲大专辩论会有一辩题为《儒家思想是亚洲四素》。南京大学持反方。为了说明儒家思想不是主要推动因素，南大对"儒家思想""亚洲四小龙经济快速成长""主要""推动因素"四项词组进行了剖析，发现辩论双方争论焦点肯定会在"主要因素有多个，儒家思想是其中之一。"于是，南大把"主要因素"界定为必须是具有总揽全局功能这一点上。这样一来，南大总论点的方向便明朗了：儒家思想只是四小龙取得经济快速成长的背景条件，而并非是一个主要推动因素，推动四小龙经济快速发展的主要推动因素是四小龙做得尤为突出的能总揽全局的正确而灵活的战略和政策。

能攻能守的总论点的确立是论辩赛准备的关键，但并不等于说在实际论辩中就一定获胜。如何使这个总论点在实际的唇枪舌剑中充分发挥好，还要有一定的战略战术与之配合。所谓战略，是指论辩中用以争取胜利的带有全局性的总的论战方法；所谓战术，则是指论战中的一些具体的技术方法。上面列举的南京大学一例，就是制定了"避实就虚"的战略和设计了一些具体的战术，才保证了整个论辩赛的成功。

由此可见，立论准备包括三个过程：审题、确立总的具体论点、设计相配的战略战术。应该说，这三个过程是整个论辩赛准备的灵魂，初学者在这个准备阶段应昼找一些有一定理信纸水平又有一定实际论辩能力的人请教一下。此外，不应把立论准备看作是一个孤立的静止准备阶段，而应在以后的辩词撰写和试辩过程中随时要审视先前的审题总论点及战略战术设计有无不慎之处，以便及时修正。

在立论准备停当，各辩手便可分头撰写自己分工的辩词。（初学者如何撰写辩词由另文介绍）

第四，试辩准备。

如同其他比赛一样，论辩队要想在正式比赛中获胜，一定要在正式比赛前搞一次尝试性的比赛，以检验自己的赛前准备是否经得起实际的考验。为了达到检验的效果，试辩条件和气氛要尽量搞得逼真些，这就需要在正式参赛队员进入准备阶段的同时，应有一支与之实力相当的假设"对方"也进入准备阶段，并且双方都应处于"保密"状态。不过，为了增加正式队员的一些难度，正式队员应故意泄露些立论方面的要点，来吸引"假设对方"作有针对性的进攻准备，用之在试辩中检验参赛一方的立论和战略战术是否能奏效。

试辩的另一个意图，是让参赛队员进入角色。前面已经说过，论辩赛的最大特点就是辩题观点不一定与论辩者本人最初的观点相一致，就像某些演员本身的性格与剧中人的性格不一致一样，需要深入生活，深入实践才能进入角色。论辩赛在比赛过程中不仅有理信纸上的正面交锋，还有辩论风度、情态等方面的表演，通过试辩往往能促使参赛队员不仅在理论上，而且在情感上也完全站在所持的辩题观念上，以便逼真地表现出理直气壮、慷慨激昂、义正辞严而又通情达理地维护真理的样子。对于初赛者来说，试辩还可以先锻炼一下上场的胆量，培养一下临场的经验。

试辩一般宜在正式比赛前一两天举行，这类似于赛前的热身赛，使参赛队员保持最佳竞技状态。试辩的程序应严格按照正式比赛的程序进行，不过不管正式比赛是否设有赛后听众提问，试辩赛一定要有听众提问。这个道理很简单，不管假设的对方准备得如何充分，总比不上众多听众的眼亮耳明，参赛队员在试辩中完整地亮出主要观点和战略战术，"假设对方"可能没有一下子找到"破的"的方法，听众赛后提问揭短则可弥补"假设对方"论战之不得力。

试辩结束后，参赛队员应与假设对方迅速共同进行总结，对原先准备的辩词和论辩技巧作相应的调整、修正和补充，这样赛前所有的准备便完备了。

孙子曰："上兵伐谋"，高水平的论辩赛首先是论辩双方在论辩思路与立场上的较量。对于一个已经确定下来的命题，如果能找到一个最佳的思路，确立好自己的立场，那么就能为整个论辩的胜利奠定基础。

在论辩赛中，论辩命题一般可分为价值命题、事实命题和政策命题三种。价值命题一般是讨论某件事是否较好，如"发展旅游业利大于弊"。这类命题要求论辩员有很强的逻辑推理能力，对辩题的背景知识有通盘、深入的了解。事实命题是讨论某件事是否真实，如"儒家思想是亚洲四小龙取得经济快速增长的主要推动因素"。这类命题注重举例实证，要求论辩者掌握大量材料。政策命题是讨论某事该不该做，如"亚太区国家应该成立经济联盟"。它要求理信论与实践的结合，既需逻辑推理，又应有大量材料佐证，所以论辩比赛中政策命题较为常见。对论辩命题分类的意义在于根据不同命题的特点和要法语来确定思路、建立框架、组织材料，最终的目的是要形成自己的立场。在确定思路时最重要的一点是必须知己知彼。对一个辩题，围绕

正、反方立场，可以有多种理解。这时候就不仅要找出自己论证辩题的各种思路，而且还要找出对方可能出现的各种思路，尽可能地把双方可能的思路都逐一考虑，并找出应付之策，这样对己对彼都心中有数，就为我方确立适当的立场找到了根据。

确立立场就是针对对方可能出现的思路，在我方可以选择的各种思路中找出对本方观点论证最有利、例证材料最丰富的思路。

（3）确立立场的基本原则。

第一，弱化我方命题，强化对方命题。确立立场不仅应确立我方对辩题的理解，还须限定对方对辩题的理解，也就是必须明确指出对方应该论证的内容。尽可能扩大我方立论范围，从而给我方留下较大的周旋余地。其主要方法有两种：一是对辩题中的主要概念作限制性解释。如在南大队对台大队"人类和平共处是一个可能实现的理想"论辩中，正方南大队一辩开头就指出："人类和平共处""是和战争相对而言"，消除了战争也就实现了人类和平共处。这样就把其他形式的暴力行为排除在外，为本方以后论述打下了较好基础。另一个方法是对辩题加条件。如1986年亚洲大专辩论会北大队对香港中文大学队的比赛中，辩题是"发展旅游业利大于弊"，北大队是反方，正方中

文大学队举出许多例子论证许多国家由于具备某些条件，发展旅游业获得了成功。北大队马上指出，正方的立场并不是"在一定条件下"发展旅游业利大于弊，所以中文大学队跑题了。这实际上是要正方证明"在任何情况下"发展旅游业都利大于弊，当然使正方无从论证，陷入被动。

第二，尽量选择逻辑性强、不易受攻击的立场。其主要方法是"高立论"。在任何一个细节上都和对方纠缠不休往往会丧失本方的优势，到最后仍是"一笔糊涂账"；不如干脆对一些显而易见的事实、众所周知的观点予以承认，接着立即指出：这些仅仅是问题中一个方面，但我们应该讨论的是更重要的东西，把争论上升到更高层次，使对方精心准备的材料无从发挥，在我方熟悉的阵地上与其交锋，高屋建瓴，势如破竹。如在北大队和澳门东亚大学队的比赛中，辩题是"贸易保护主义可以抑制"，北大队是正方。具备一点经济学知识的人都知道，当今世界范围内贸易保护主义愈演愈烈，而新加坡更是饱尝贸易保护主义之苦。东亚大学队开始就大谈"贸易保护主义是否严重"，在这一层次上与对方纠缠，显然要占下风，而且很可能引起评委和观众的反感。所以北大队经过仔细斟酌，论辩伊始就明确说明，当今世界范围内贸易保护主义确实相当严重，在这一点上我们非但不否认，而且还可以举出比你们多得多的例子。但是，我们应该讨论的是贸易保护主义是否可以抑制，而不是贸易保护主义是否存在或是否严重。这样就避开了对方拥有大量材料的事实，把论辩中心提高到对我方有利的"可以抑制"层次上来，避其锋芒，争取主动。

确立立场时还应该注意的是：立意要新奇，要能够"言人所未言，见人所未见"。从新的角度来分析问题，给人以耳目一新之感，往往会起到很好的场上效果。同时，对手对此准备不足，也会措手不及，仓促应战。当然不能故作惊人之语，应当在"意料之外"，又在

"情理之中"。这就要求教练和队员们对辩题仔细揣摩和思索，努力使自己的立场既无懈可击、固若金汤，又新意迭出，令对方猝不及防，从而使自己立于不败之地。

5. 辩论的技巧

辩论的技巧很多，下面主要介绍一种反客为主的辩论技巧。反客为主的原意是：客人反过来成为主人。比喻变被动为主动。在论辩赛中，被动是赛场上常见的劣势，也往往是败北的先兆。论辩中的反客为主，通俗地说，就是在论辩中变被动为主动。下面，本文试以技法理论结合对实际辩例的分析，向大家介绍几种反客为主的技巧。

借力打力

武侠小说中有一招数，名叫"借力打力"，是说内力深厚的人，可以借对方攻击之力反击对方。这种方法也可以运用到论辩中来。

例如，在关于"知难行易"的辩论中，有这么一个回合：

正方：对啊！那些人正是因为上了刑场死到临头才知道法律的威力。法律的尊严，可谓"知难"呐，对方辩友！（热烈掌声）

当对方以"知法容易守法难"的实例论证于知易行难时，正方马上转而化之从："知法不易"的角度强化己方观点，给对方以有力的回击。扭转了被动局势。

这里，正方之所以能借反方的例证反治其身，是因为他有一系列并没有表现在口头上的、重新解释字词的理论作为坚强的后盾：辩题中的"知"，不仅仅是"知道"的"知"，更应该是建立在人类理性基础上的"知"；守法并不难，作为一个行为过程，杀人也不难，但是要懂得保持人的理性，克制内心滋生出恶毒的杀人欲望，却是很难。这样，正方宽广、高位定义的"知难"和"行易"借反方狭隘、低位定义的"知易"和"行难"的攻击之力，有效地回击了反方，使反方构建在"知"和"行"浅层面上的立论框架崩溃了。

移花接木

剔除对方论据中存在缺陷的部分，换上于我方有利的观点或材料，往往可以收到"四两拨千斤"的奇效。我们把这一技法喻名为"移花接木"。

例如. 在《知难行易》的论辩中曾出现过如下一例：

反方：古人说"蜀道难，难于上青天"，是说蜀道难走，"走"就是"行"嘛！要是行不难，孙行者为什么不叫孙知者？

正方：孙大圣的小名是叫孙行者，可对方辩友知不知道，他的法名叫孙悟空，"悟"是不是"知"？

这是一个非常漂亮的"移花接木"的辩例。反方的例证看似有板有眼，实际上有些牵强附会：以"孙行者为什么不叫孙知者"为驳难，虽然是一种近乎强词夺理的主动，但毕竟在气势上占了上风。正方敏锐地发现了对方论据的片面性，果断地从"孙悟空"这一面着手，以"悟"就是"知"反诘对方，使对方提出关于"孙大圣"的引证成为抱薪救火、惹火烧身。

移花接木的技法在论辩理论中属于强攻，它要求辩手勇于接招，勇于反击，因而它也是一种难度较大、对抗性很高。说服力极强的论辩技巧。诚然，实际临场上雄辩滔滔，风云变幻，不是随时都有"孙行者""孙悟空"这样现成的材料可供使用的，也就是说，更多的"移花接木"。需要辩手对对方当时的观点和我方立场进行精当的归纳和演绎。

比如，在关于"治贫比治愚更重要"的论辩中，正方有这样一段陈词："…对方辩友以迫切性来衡量重要性，那我倒要告诉您，我现在肚子饿得很，十万火急地需要食物来充饥，但我还是要辩下去，因为我意识到论辩比充饥更重要。"话音一落，掌声四起。这时反方从容辩道："对方辩友，我认为'有饭不吃'和'无饭可吃'是两码事……"反方的答辩激起了更热烈的掌声。正方以"有饭不吃"来论证贫困不足以畏惧和治愚的相对重要性，反方立即从己方观点中归纳出"无饭可吃"的旨要，鲜明地比较出了两者本质上的天差地别，有效地扼制了对方偷换概念的倾向。

顺水推舟

表面上认同对方观点，顺应对方的逻辑进行推导，并在推导中根据我方需要，设置某些符合情理的障碍，使对方观点在所增设的条件下不能成立，或得出与对方观点截然相反的结论。

例如，在"愚公应该移山还是应该搬家"的论辩中：

反方：……我们要请教对方辩友，愚公搬家解决了困难，保护了资源，节省了人力、财力，这究竟有什么不应该？

正方：愚公搬家不失为一种解决问题的好办法，可愚公所处的地方连门都难出去，家又怎么搬？……可见，搬家姑且可以考虑，也得在移完山之后再搬呀！

神话故事都是夸大其事以显其理的，其精要不在本身而在寓意，因而正方绝对不能让反方迂旋于就事论事之上，否则，反方符合现代价值取向的"方法论"必占上峰。从上面的辩词来看，反方的就事论事，理据充分，根基扎实，正方先顺势肯定"搬家不失为一种解决问题的好办法"，既而提出"愚公所处的地方连门都难出去"这一条件，自然而然地导出"家又怎么搬"的诘问，最后水到渠成，得出"先移山，后搬家"的结论。如此一系列理论环环相扣。节节贯穿，以势不可当的攻击力把对方的就事论事打得落花流水，真可谓精彩绝伦！

正本清源

所谓正本清源，本文取其喻义而言，就是指出对方论据与论题的关联不紧或者背道而驰，从根本上矫正对方论据的立足点，把它拉入我方"势力范围"，使其恰好为我方观点服务。较之正向推理的"顺水推舟"法，这种技法恰是反其思路而行之。

例如，在"跳槽是否有利于人才发挥作用"的论辩中，有这样一节辩词：

正方：张勇，全国乒乓球锦标赛的冠军，就是从江苏跳槽到陕西，对方辩友还说他没有为陕西人民作出贡献，真叫人心寒啊！（掌声）

反方：请问到体工队可能是跳槽去的吗？这恰恰是我们这里提倡的合理流动啊！（掌声）对方辩友戴着跳槽眼镜看问题，当然天下乌鸦一般黑，所有的流动都是跳槽了。（掌声）

正方举张勇为例，他从江苏到陕西后，获得了更好地发展自己的空间，这是事实。反方马上指出对方具体例证引用失误：张勇到体工队，不可能是通过"跳槽"这种不规范的人才流动方式去的，而恰恰是在"公平、平等、竞争、择优"的原则下"合理流动"去的，可信度高、说服力强、震撼力大，收到了较为明显的反客为主的效果。

釜底抽薪

刁钻的选择性提问，是许多辩手惯用的进攻招式之一。通常，这种提问是有预谋的，它能置人于"二难"境地，无论对方作哪种选择都于己不利。对付这种提问的一个具体技法是，从对方的选择性提问中，抽出一个预设选项进行强有力的反诘，从根本上挫败对方的锐气，这种技法就是釜底抽薪。

例如，在"思想道德应该适应（超越）市场经济"的论辩中，有如下一轮交锋：

反方：……我问雷锋精神到底是无私奉献精神还是等价交换精神？

正方：……对方辩友这里错误地理解了等价交换，等价交换就是说，所有的交换都要等价，但并不是说所有的事情都是在交换，雷锋还没有想到交换，当然雷锋精神谈不上等价了。（全场掌声）

反方：那我还要请问对方辩友，我们的思想道德它的核心是为人民服务的精神，还是求利的精神？

正方：为人民服务难道不是市场经济的要求吗？（掌声）

第一回合中，反方有"请君入瓮"之意，有备而来。显然，如果以定势思维被动答问，就难以处理反方预设的"二难"：选择前者，则刚好证明了反方"思想道德应该超越市场经济"的观点；选择后者，则有背事实，更是谬之千里。但是，正方辩手却跳出了反方"非此即彼"的框框设定，反过来单刀直入，从两个预设选项抽出"等价交换"，以倒树寻根之势彻彻底底地推翻了它作为预设选项的正确性，语气从容，语锋犀利，其应变之灵活、技法之高明，令人叹为观止！

当然，辩场上的实际情况十分复杂，要想在论辩中变被动为主动，掌握一些反客为主的技巧还仅仅是一方面的因素，另一方面，反客为主还需要仰仗于非常到位的即兴发挥，而这一点却是无章可循的。

攻其要害

在辩论中常常会出现这样的情况：双方纠缠在一些细枝末节的问题、例子或表达上争论不休，结果，看上去辩得很热闹，实际上已离题万里。这是辩论的大忌。一个重要的技巧就是要在对方一辩、二辩陈词后，迅速地判明对方立论中的要害问题，从而抓住这一问题，一攻到底，以便从理论上彻底地击败对方。如"温饱是谈道德的必要条件"这一辩题的要害是：在不温饱的状况下，是否能谈道德？在辩论中只有始终抓住这个要害问题，才能给对方以致命的打击。在辩论中，人们常常有"避实就虚"的说法，偶尔使用这种技巧是必要的。比如，当对方提出一个我们无法回答的问题时，假如强不知以为知，勉强去回答，不但会失分，甚至可能闹笑话。在这种情况下，就要机智地避开对方的问题，另外找对方的弱点攻过去。然而，在更多的情况下，我们需要的是"避虚就实"，"避轻就重"，即善于在基本的、关键的问题上打硬仗。如果对方一提问题，我方立即回避，势必会给评委和听众留下不好的印象，以为我方不敢正视对方的问题。此外，如果我方对对方提出的基本立论和概念打击不力，也是很失分的。善于敏锐地抓住对方要害，猛攻下去，务求必胜，乃是辩论的重要技巧。

利用矛盾

由于辩论双方各由四位队员组成，四位队员在辩论过程中常常会出现矛盾，即使是同一位队员，在自由辩论中，由于出语很快，也有可能出现矛盾。一旦出现这样的情况，就应当马上抓住，竭力扩大对方的矛盾，使之自顾不暇，无力进攻我方。比如，在与剑桥队辩论时，剑桥队的三辩认为法律不是道德，二辩则认为法律是基本的道德。这两种见解显然是相互矛盾的，我方乘机扩大对方两位辩手之间的观点裂痕，迫使对方陷入窘境。又如对方一辩起先把"温饱"看作是人类生存的基本状态，后来在我方的凌厉攻势下，又大谈"饥寒"状态，这就是与先前的见解发生了矛盾，我方"以子之矛，攻子之盾"，使对方于急切之中，理屈词穷，无言以对。

"引蛇出洞"

在辩论中，常常会出现胶着状态：当对方死死守住其立论，不管我方如何进攻，对方只用几句话来应付时，如果仍采用正面进攻的方法，必然收效甚微。在这种情况下，要尽快调整进攻手段，采取迂回的方法，从看来并不重要的问题入手，诱使对方离开阵地，从而打击对方，在评委和听众的心目中造成轰动效应。在我方和悉尼队辩论"艾滋病是医学问题，不是社会问题"时，对方死守着"艾滋病是由HIV病毒引起的，只能是医学问题"的见解，不为所动。于是，我方采取了"引蛇出洞"的战术，我方二辩突然发问："请问对方，今年世界艾滋病日的口号是什么?"对方四位辩手面面相觑，为不致于在场上失分太多，对方一辩站起来乱答一通，我方立即予以纠正，指出今年的口号是"时不我待，行动起来"，这就等于在对方的阵地上打开了一个缺口，从而瓦解了对方的坚固的阵线。

"李代桃僵"

当我们碰到一些在逻辑上或理论上都比较难辩的辩题时，不得不采用"李代桃僵"的方法，引入新的概念来化解困难。比如，"艾滋病是医学问题，不是社会问题"这一辩题就是很难辩的，因为艾滋病既是医学问题，又是社会问题，从常识上看，是很难把这两个问题分开的。因此，按照我方预先的设想，如果让我方来辩正方的话，我们就会引入"社会影响"这一新概念，从而肯定艾滋病有一定的"社会影响"，但不是"社会问题"，并严格地确定"社会影响"的含义，这样，对方就很难攻进来。后来，我们在抽签中得到了辩题的反方，即"艾滋病是社会问题，不是医学问题"，在这种情况下，如果我们完全否认艾滋病是医学问题，也会于理太悖，因此，我们在辩论中引入了"医学途径"这一概念，强调要用"社会系统工程"的方法去解决艾滋病，而在这一工程中，"医学途径"则是必要的部分之一。这样一来，我方的周旋余地就大了，对方得花很大力气纠缠在我方提出的新概念上，其攻击力就大大地弱化了。

"李代桃僵"这一战术之意义就在于引入一个新概念与对方周旋，从而确保我方立论中的某些关键概念隐在后面，不直接受到对方的攻击。

辩论是一个非常灵活的过程，在这一过程中，可以施展的技巧有一些比较重要的技巧。经验告诉我们，只有使知识积累和辩论技巧珠联璧合，才可能在辩论赛中取得较好的成绩。

缓兵之计

在日常生活中，我们可以见到如下情况：当消防队接到求救电话时，常会用慢条斯理的口气来回答，这种和缓的语气，是为了稳定说话者的情绪，以便对方能正确地说明情况。又如，两口子争吵，一方气急败坏，一方不焦不躁，结果后者反而占了上风。再如，政治思想工作者常常采用"冷处理"的方法，缓慢地处理棘手的问题。这些情况都表明，在某些特定的场合，"慢"也是处理问题、解决矛盾的好办法。论辩也是如此，在某些特定的论辩局势下，快攻速战是不利的，缓进慢动反而能制胜。

例如，*1940* 年，丘吉尔在张伯伦内阁中担任海军大臣，由于他力主对德国宣战而受到人们的尊重。当时，舆论欢迎丘吉尔取代张伯伦出任英国首相，丘吉尔也认为自己是最恰当的人选。但丘吉尔并没有急于求成而是采取了"以慢制胜"的策略。他多次公开表示在战争爆发的非常时期，他将准备在任何人领导下为自己的祖国服务。

当时，张伯伦和保守党其他领袖决定推举拥护绥靖政策的哈利法克斯勋爵作为首相候选人。然而主战的英国民众公认在政坛上只有丘吉尔才具备领导这场战争的才能。在讨论首相人选的会议上，张伯伦问："丘吉尔先生是否同意参加哈利法克斯领导的政府？"能言善辩的丘吉尔却一言不发，足足沉默了两分钟之久。哈利法克斯和其他人明白，沉默意味着反对。一旦丘吉尔拒绝入阁，新政府就会被愤怒的民众推翻。哈利法克斯只好首先打破沉默，说自己不宜组织政府。丘吉尔的等待终于换来了英国国王授权他组织新政府。

再举一例，在某商店里，一位顾客气势汹汹找上门来，喋喋不休地说："这双鞋鞋跟太高了，样式也不好……"商店营业员一声不吭，耐心地听他把话说完，一直没打断他。等这位顾客不再说了，营业员才冷静地说："您的意见很直爽，我很欣赏您的个性。这样吧，我到

159

里面去，再另行挑选一双，好让您称心。""如果您不满意的话，我愿再为您服务。"这位顾客的不满情绪发泄完了，也觉得自己有些太过分了，又见营业员是如此耐心地回答自己的问题，也很不好意思。结果他来了个180°的大转弯，称赞营业员给他新换的实际上并无太大差别的鞋，说："嘿，这双鞋好，就像是为我订做的一样。"营业员以慢对快，以冷对热，让顾客把怒气宣泄出来，达到了心理平衡，化解了这一场纠纷。

从上面的例子中，我们可以概括出在论辩中要正确使用"以慢制胜"法，至少要注意以下三点：

其一，以慢待机 后发制人

俗话说："欲速则不达。"在时机不成熟时仓促行事，往往达不到目的。论辩也是如此，"慢"在一定条件下也是必须的。"以慢制胜"法实际上是论辩中的缓兵之计，缓兵之计是延缓对方进兵的谋略。当论辩局势不宜速战速决，或时机尚不成熟时，应避免针尖对麦芒式的直接交锋，而应拖延时间等待战机的到来。一旦时机成熟，就可后发制人，战胜论敌。如第一例中，丘吉尔在时机不成熟时，不急于成功，以慢待机。在讨论首相人选的关键时刻，以沉默表示反对，最终赢得了胜利。

其二，以慢施谋 以弱克强

"以慢制胜"法适用于以劣势对优势、以弱小对强大的论辩局势。它是弱小的一方为了战胜貌似强大的一方而采取的一种谋略手段。"慢"中有计谋，缓动要巧妙。这里的"慢"并非反应迟钝，不擅言辞的同义语，而是大智若愚、大辩若讷的雄辩家定计施谋的法宝之一。如第一例中，丘吉尔面对张伯伦的追问，装聋作哑，拖延时间，实际上是假痴不癫的缓兵之计。在这一种韧性的相持中，张伯伦一方终于沉不住气了，丘吉尔以慢施谋终于取得了胜利。

其三，以慢制怒 以冷对热

"慢"在论辩中还是一种很好的"制怒"之术。论辩中唇枪舌剑，自控力较差的人很容易激动。在这种情况下，要说服过分激动的人，宜用慢动作、慢语调来应付。以慢制怒，以冷对热，才能使其"降温减压"。只有对方心平气和了，你讲的道理他才能顺利接受。如第二例中的营业员，就是以冷静的态度、和缓的语气，平息了对方的怒气，化解了矛盾。

总之，论辩中的"快"与"慢"也是一种对立统一的辩证关系。兵贵神速，"快"当然好。可是，有时"慢"也有"慢"的妙处。"慢"可待机，"慢"可施谋，"慢"可制怒。"慢"是一种韧性的战术，"慢"是一场持久战，"慢"是舌战中的缓兵之计。缓动慢进花的时间虽长，绕的弯子虽大，然而在许多时候，它却往往是取得胜利的捷径。

第四节 绕口令的学习训练

1. 绕口令的概念

绕口令是我国一种传统的语言游戏，又称"急口令"、"吃口令"、"拗口令"。由于它是将若干双声、叠词词汇或发音相同、相近的语、词有意集中在一起，组成简单、有趣的语韵，要求快速念出，所以读起来使人感到节奏感强，妙趣横生。绕口令是民间语言游戏，将声母、韵母或声调极易混同的字，组成反复、重叠、绕口、拗口的句子，要求一口气急速念出。

2. 绕口令的产生

关于绕口令的产生，可以追寻到5000多年前的黄帝时代。古籍中侥幸保存下来的《弹歌》"晰竹，续竹，飞土"，相传为黄帝时所作。据考证，这是比较接近于原始形态的歌谣。其中，已经有了绕口令的基本成分——双声叠韵词。由此推想，很可能在文字出现以前，绕口令就已经萌动于人民群众的口头语言之中了。

随着语言文字的形成和发展，我们的祖先越来越注意汉字字音前后各部分的异同现象，发现了越来越多的双声叠韵词。这些双声叠韵的关系，处理不好，很容易缠绕混淆；处理好了，又可以产生不同凡响的音韵美。这使得一些人想到寻找规律，练习发音，训练口头表达。于是，他们开始有意识地把一些声韵相同的字组合在一起，故意兜圈子，绕弯子，连续成句子，教儿童念、诵。其中一些音韵响亮而又拗口、诙谐风趣的句子，不仅儿童喜欢，不少青年人也很喜欢。这样，一个人唱出，或几个人唱和，就在人民群众中耳口相传，流传开来。在流传过程中，人们又不断修改、加工、充实、完善，使它更近似于一首首幽默诙谐的歌谣，更加妙趣横生。至于谁是绕口令的具体作者和修改者，人们根本没有留意。因此，也就无所谓哪首绕口令是哪个人的作品了。

3. 绕口令的发展

由于绕口令的逐步完善，在人民群众中日渐流传，一些接近下层人民的文人也开始注意这一通俗的文艺形式。稍后于屈原的楚国作家宋玉，就曾经把双声叠韵的词汇引进了诗歌创作的殿堂。长篇政治抒情诗《九辩》是他的代表作，其中大量采用了声韵相通的词，使得语句音节错综变化，读来音韵谐美，情味悠长。这无疑大大扩展了它的地位和影响。不少文人还在喝茶饮酒的时候，即兴编上几句，当作酒令，或者教给儿童念诵。保留至今的古代绕口令，差不多都是文人模拟民间绕口令作的。现在，我们还可以看到唐代诗人温庭筠在1000多年前的《李先生别墅望僧舍宝刹作双声诗》："牺息消心象；檐楹溢艳阳，帘栊兰露落，邻里柳林凉，高阁过空谷，孤竿隔古岗，潭庭月淡荡，仿佛复芬芳。"宋代大文学家苏轼作过《吃语诗》（"散居剑阁隔锦官"），明代文学家高启作过《吴宫词》（"筵前怜婵娟"）。从内容上看，这些绕口令大都是酒足饭饱之余的乘兴消遣之作，没有多少价值；从形式上看，几乎都是咬文嚼字的文字游戏，书卷气浓重，晦涩难懂，最广大的下层民众和少年儿童只有敬而远之。这大大影响了绕口令的语言价值和文学价值，影响了绕口令的普及和提高。关于古代的绕口令，明代文学家谢肇淛所撰的《文海披沙》卷五，曾作过一些记载。

另一方面，民间流传的绕口令保持和发扬了它的通俗浅显的特点，越来越完善，并且被搜集整理出来。清朝末年，意大利驻中国的官员韦大利搜集的《北京儿歌》（1896年出版，英汉对照本）中，就有绕口令《玲珑塔》。何德兰搜集的《孺子歌图》中，也有绕口《秃丫头》。

"五四"新文化运动以后，我国现代文学越来越接近下层人民，随之而起的儿童文学也逐渐成为文艺大军的一个支队，这为绕口令的发展又开辟了一条道路。但是，由于社会意识和创作者思想的局限，不少绕口令的基调还是很低的。例如《螺蛳和骡子》："胡子担了一担螺蛳，驼予骑了一匹骡子。胡子的螺蛳撞了驼子的骡子，驼子的骡子踩了胡子的螺蛳。胡子要驼子赔胡子的螺蛳，驼子要胡子赔驼子的骡子。胡子骂驼子，驼子打胡子，螺蛳也爬到骡子头上去啃鼻子。"这反映了旧社会"人不为己，天诛地灭"的社会意识，反映了人与人之间赤裸裸的利害关系。新中国建立后，绕口令的思想内容也发生了明显的变化，例如20世纪60年代流传的绕口令《赔钵钵》："你婆婆借给我婆婆一个钵钵，我婆婆打烂了你婆婆的钵钵。我婆婆买来一个钵钵，还给你婆婆。你婆婆说什么也不要我婆婆赔钵钵，我婆婆硬要把买来的钵钵还给你婆婆。"这就反映了 60 年代人与人之间的关系，充满了新的时代气息。

4. 绕口令的特点

绕口令的特点是将若干双声、叠韵词汇或者发音相同、相近的语词和容易混淆的字有意集中在一起，组合成简单、有趣的韵语，形成一种读起来很绕口，但又妙趣横生的语言艺术。值得一提的是，绕口令是语言训练的好教材，认真练习绕口令可以使头脑反应灵活、用气自如、吐字清晰、口齿伶俐，可以避免口吃，更可作为休闲逗趣的语言游戏。如："山前有个严圆眼，山后有个杨眼圆，二人山前山后来比眼，不知严圆眼比杨眼圆的眼圆，还是杨眼圆比严圆眼的眼圆。"有一首《算卦的和挂蒜的》，听起来也很有韵味："街上有个算卦的，还有一个挂蒜的。算卦的算卦，挂蒜的卖蒜。算卦的叫挂蒜的算卦，挂蒜的叫算卦的买蒜。算卦的不买挂蒜的蒜，挂蒜的也不算算卦的卦。"听罢这两段绕口令，定然会使人感到妙趣横生。

5. 绕口令的结构方式

绕口令的结构方式有对偶式和一贯式两种。对偶式两句对偶，平行递进，如《四和十》："四是四，十是十；要想说对四，舌头碰牙齿；要想说对十，舌头别伸直；要想说对四和十，多多练习十和四。"

对偶式的绕口令最有名的是民间流传的绕口联，如："童子打桐子，桐子落，童子乐；丫头啃鸭头，鸭头咸，丫头嫌。"这副绕口联同音异义，颇为绕口，实属巧对妙联。"求自在不自在，知自在自然自在；悟如来想如来，非如来如是如来。"上联下联各列出四个"自在"和"如来"，而四次出现的含义各不相同，耐人寻味。

一贯式的绕口令一气呵成，环环相扣，句句深入，如："远望一堆灰，灰上蹲个龟，龟上蹲个鬼。鬼儿无事挑担水，湿了龟的尾，龟要鬼赔龟的尾，鬼要龟赔鬼的水。""黑化肥发灰，灰化肥发黑。黑化肥发灰会挥发，灰化肥挥发会发黑，灰化肥发黑挥发会发灰。""一面小花鼓，鼓上画老虎。宝宝敲破鼓，妈妈拿布补，不知是布补鼓，还是布补虎。""墙上一根钉，钉上挂条绳，滑落绳下瓶，打碎瓶下灯，砸破灯下盆。瓶打灯，灯打盆，盆骂灯，灯骂瓶，瓶骂绳，绳骂钉，钉怪绳，绳怪瓶，瓶怪灯，灯怪盆。叮叮当当当当叮，乒乒乓乓乓乓乒！"

可以看出，绕口令多是诙谐而活泼，节奏感较强，富有音乐效果。有的用方言朗读更具有浓郁乡土特色，毛泽东同志生前也喜欢绕口令。有一次，他跟中南海文工团一个姓余的四川籍女兵学起了川语绕口令："一出南门走六步，碰到六舅和六叔。好六叔，好六舅，借我六升六斗好绿豆。过了秋，再还六叔六舅六升六斗好绿豆。"川语的"六"和"绿"与"陆"音近似。毛泽东越念越感兴趣，并把"过了秋"念为"收了秋"，经此无意中一字妙改，把谷豆收获的景象体现了出来。

传统的绕口令，多只注重字句的谐音，而忽视它的思想内容。如今，民间文艺工作者在创作绕口令时，注入了新的时代气息，有的具有益智助思的作用，如《数狮子》："公园有四排石狮子，每排是十四只大石狮子，每只大石狮子背上是一只小石狮子，每只大石狮子脚边是四只小石狮子，史老师领四十四个学生去数石狮子，你说共数出多少只大石狮子和多少只小石狮子？"

念起一段不知道从哪里听来的、发人深省的绕口令："一些事没有人做，一些人没有事做，一些没有事做的议论做事的做的事；议论做事的总是没事，一些做事的总有做不完的事，一些没有事做的不做事不碍事，一些有事做的做了事却有麻烦事；一些不做事的挖空心思惹事，让做事的做不成事，大家都不做事是不想做事的做事；做事的做不成事伤心，不做事的不做事开心。"此类的绕口令散发出一股浓烈的辛辣味，起到了鞭挞假、丑、恶，歌颂真、善、美的作用，赋予绕口令崭新内容和艺术"笑果"。

6. 绕口令的训练

阿凡提骑毛驴

阿凡提，骑毛驴，手拿一条鱼。毛驴走路急，掉了手中鱼。阿凡提，下毛驴，下了毛驴去拾鱼。弯腰去拾鱼，拾鱼跑了驴。阿凡提，心里急，拾起鱼，追毛驴。追上毛驴骑毛驴，骑上毛驴手提鱼。

嫂嫂打枣

嫂嫂用篙去打枣，枣树掉枣砸嫂嫂。嫂怪枣砸嫂，枣怪嫂打枣。要想枣不砸嫂，别用篙打枣。要让嫂不怪枣，枣树别掉枣。

牛小妞骑牛

牛家小妞骑小牛，小牛不走气小妞。骑小牛的小妞，用鞭抽小牛。气小妞的小牛，用头抵小妞。牛抵小妞牛头扭，妞扭牛头牛不拗。牛怕小妞妞骑牛，牛家夸赞小妞妞。

王婆夸瓜又夸花

王婆卖瓜又卖花，一边卖来一边夸，又夸花，又夸瓜，夸瓜大，大夸花，瓜大花好笑哈哈。

狗咬柳小六

柳小六没事胡乱走，走到刘老九的大门口。门口的狗咬了柳小六的手，柳小六紧喊刘老九快看狗。刘老九屋内一个人也没有，白叫刘老九的狗把柳小六咬了一口。柳小六发誓没事不再胡乱走。

哥挎瓜筐过宽沟

哥挎瓜筐过宽沟，赶快过沟看怪狗，光看怪狗瓜筐扣，瓜滚筐空哥怪狗。

小牛赔油

小牛放学去打球，踢倒老刘一瓶油。小牛回家取来油，向老刘道歉又赔油。老刘不要小牛还油，小牛硬要把油还给老刘。老刘夸小牛，小牛摇头，你猜老刘让小牛还油，还是不让小牛还油。

黑虎救猪

黑虎黑夜数黑猪，黑夜黑猪黑虎数。黑猪黑夜围黑虎，黑挤黑挨乱乎乎。黑虎难数黑猪数，急得黑虎呜呜哭。

小王和小黄

小王和小黄，一块画凤凰。小王画黄凤凰，小黄画红凤凰，红凤凰黄凤凰，只只画成活凤凰，望着小王和小黄。

让路

驴在半路上遇见鹿，鹿不让驴，驴不让鹿。鹿不给驴让路，驴偏要鹿让路。驴想让路给鹿，鹿却先给驴让了路。

打狼护羊

小梁上山去放羊，草堆里冲出一只狼。狼撵羊，羊躲狼。小梁护羊打狼，小梁打狼护羊。终于打跑狼护住羊，受到大家一致赞扬。

马　虎

马是马，虎是虎。虎不是马，马不是虎。马虎人不分虎和马，分不清虎马是马虎。

草驴驮草

草驴驮青草，草压草驴腰；草驴吃青草，吃草草驴饱。草驴驮青草草压草驴腰，草驴吃草草驴饱。草驴吃青草草饱草驴肚，青草不压草驴腰。

猴子山上上山猴

猴子山上上山猴，猴山山陡猴发愁。猴子发愁猴挠头，猴挠猴头愁山猴。

虎和兔

坡上有只大老虎，坡下有只小灰兔。老虎饿肚肚，想吃灰兔兔。虎追兔，兔躲虎，老虎满坡追灰兔。兔钻窝，虎扑兔，刺儿扎痛虎屁股。兔乐气坏虎，虎气乐坏兔。老虎呜呜哭，灰兔喜乎乎。

小蜜蜂

小蜜蜂，嗡嗡嗡，飞到西，飞到东。蜜蜂东飞东嗡嗡，蜜蜂西飞西嗡嗡。东嗡嗡，西嗡嗡，飞东飞西小蜜蜂。

青虫与青草

草丛青，青草丛，青草丛里草青虫。青虫钻进青草丛，青虫青草分不清。

菱角嫩

菱角嫩，嫩菱角，嫩嫩菱角有尖角。吃菱角，剥菱角，尖尖菱角有硬壳。吃了菱角扔角壳，壳角扎住我的脚。

花鸭与彩霞

水中映着彩霞，水面游着花鸭。霞是五彩霞，鸭是麻花鸭。麻花鸭游进五彩霞，五彩霞网住麻花鸭。乐坏了鸭，拍碎了霞，分不清是鸭还是霞。

高高山上一条藤

高高山上一条藤，藤条头上挂铜铃。风吹藤动铜铃动，风停藤停铜铃停。

洞庭湖上六角亭

洞庭湖上六角亭，六角亭中挂钢瓶。风吹瓶动亭不动，钢瓶碰亭响不停。

画花也是花

画上盛开一朵花，花朵开花花非花。花非花朵花，花是画上花。画上花开花，画花也是花。

嘴和腿

嘴说腿，腿说嘴，嘴说腿爱跑腿，腿说嘴爱卖嘴。光动腿不动嘴，不如不长腿和嘴。

钉钉板

钉钉板，板钉钉。铁钉钉铁板，铁板钉铁钉。铁钉钉板钉钉板，铁板钉钉板钉钉。

长竹长

长竹长，我也长，长竹比我还要长。长竹长，我也长，我和长竹一起长。我长想比长竹长，长竹长得比我长。望着长竹长，气得哭一场。

做买卖

买卖人做买卖，买卖不公没买卖。没买卖没钱做买卖，买卖人做买卖得实在。

人和银

一堆银，一群人，一群人分一堆银。闹闹嚷嚷人分银，也不知道多少人有多少银。有人说分银论斤不论两，有人说分银论两不论斤。论斤分银每人分半斤余四两，分两论而每人分四两余半斤。人分银，银给人。你算算多少人来多少银？

数青蛙

一只青蛙一张嘴，两只眼睛四条腿，扑通一声跳下水。两只青蛙两张嘴，四个眼睛八条腿，扑通扑通两声跳下水。三只青蛙三张嘴，六只眼睛十二条腿，扑通扑通扑通三声跳下水。四只青蛙四张嘴，八只眼睛十六条腿，扑通扑通扑通扑通四声跳下水。

背水杯

贝贝背水杯，水杯贝贝背。贝贝背水杯，背水水杯贝贝背。水杯贝贝诺汽到听贝贝背水杯。

石狮寺前石狮子

石狮寺前有四十四个石狮子，寺前的树上结了四十四个涩柿子。四十四个石狮子不吃四十四个涩柿子，四十四个涩柿子倒吃了四十四个石狮子。

喇嘛和哑巴

打南边来了个喇嘛，手里提拉着五斤鳎目。

打北边来了个哑巴，腰里别着个喇叭。

南边提拉着鳎目的喇嘛要拿鳎目换北边别喇叭哑巴的喇叭。

哑巴不愿意拿喇叭换喇嘛的鳎目，

喇嘛非要换别喇叭哑巴的喇叭。

喇嘛抡起鳎目抽了别喇叭哑巴一鳎目，

哑巴摘下喇叭打了提拉着鳎目的喇嘛一喇叭。

也不知是提拉着鳎目的喇嘛抽了别喇叭哑巴一鳎目，

还是别喇叭哑巴打了提拉着鳎目的喇嘛一喇叭。

喇嘛炖鳎目，哑巴嘀嘀哒哒吹喇叭。

六十六头牛

六十六岁的陆老头，

盖了六十八间楼，

买了六十六篓油，

养了六十六头牛，

栽了六十六棵垂杨柳。

六十六篓油，堆在六十六间楼；

六十六头牛，扣在六十六棵垂杨柳。

忽然一阵狂风起，

吹倒了六十六间楼，

翻倒了六十六篓油，

折断了六十六棵垂杨柳，

砸死了六十六头牛，

急煞了六十六岁的陆老头。

老六放牛

柳林镇有个六号楼，

刘老六住在六号楼。

有一天，来了牛老六，牵了六只猴；

来了侯老六，拉了六头牛；

来了仇老六，提了六篓油；

来了尤老六，背了六匹绸。

牛老六、侯老六、仇老六、尤老六，

住上刘老六的六号楼，

半夜里，牛抵猴，猴斗牛，

撞倒了仇老六的油，

油坏了尤老六的绸。

牛老六帮仇老六收起油,

侯老六帮尤老六洗掉绸上油,

拴好牛,看好猴,一同上楼去喝酒。

天上七颗星

天上七颗星,

地上七块冰,

台上七盏灯,

树上七只莺,

墙上七枚钉。

吭唷吭唷拔脱七枚钉。

喔嘘喔嘘赶走七只莺。

乒乒乓乓踏坏七块冰。

一阵风来吹来七盏灯。

一片乌云遮掉七颗星。

连念七遍就聪明

天上七颗星,

地下七块冰,

树上七只鹰,

梁上七根钉,

台上七盏灯。

呼噜呼噜扇灭七盏灯,

嗳唷嗳唷拔掉七根钉,

呀嘘呀嘘赶走七只鹰,

抬起一脚踢碎七块冰,

飞来乌云盖没七颗星。

一连念七遍就聪明。

司小四和史小世

司小四和史小世，

四月十四日十四时四十上集市，

司小四买了四十四斤四两西红柿，

史小世买了十四斤四两细蚕丝。

司小四要拿四十四斤四两西红柿换史小世十四斤四两细蚕丝。

史小世十四斤四两细蚕丝不换司小四四十四斤四两西红柿。

司小四说我四十四斤四两西红柿可以增加营养防近视，

史小世说我十四斤四两细蚕丝可以织绸织缎又抽丝。

酸枣子山上住着三老子，

山下住着三小子，

山腰住着三哥三嫂子。

山下三小子，

找山腰三哥三嫂子，

借三斗三升酸枣子，

山腰三哥三嫂子，

借给山下三小子三斗三升酸枣子。

山下三小子，

又找山上三老子，

借三斗三升酸枣子，

山上三老子，

还没有三斗三升酸枣子，

只好到山腰找三哥三嫂子，

给山下三小子借了三斗三升酸枣子。

过年山下三小子打下酸枣子，

还了山腰三哥三嫂子，

两个三斗三升酸枣子。

墙上一根钉

墙上一根钉，

钉上挂条绳，

绳下吊个瓶，

瓶下放盏灯。

掉下墙上钉，

脱掉钉上绳。

滑落绳下瓶，

打碎瓶下灯。

瓶打灯，灯打瓶，

瓶说灯，灯骂绳，

瓶说绳，绳说钉，

丁丁当当，乒乓乒乓。

板凳与扁担

板凳宽，扁担长。

扁担没有板凳宽，

板凳没有扁担长。

扁担要绑在板凳上，

板凳不让扁担绑在板凳上，

扁担偏要扁担绑在板凳上。

白老八

白老八门前栽了八颗白果树，

从北边飞来了八个白八哥儿不知在哪住。

白老八拿了八个巴达棍儿要打八个白八哥儿，

八个八哥儿飞上了八颗白果树，

不知道白老八拿这八个巴达棍儿打着了八个白八哥儿，

还是打着了八颗白果树。

鹅和鸽

天上一群大白鸽，河里一群大白鹅。

白鸽尖尖红嘴壳，白鹅曲项向天歌。

白鸽剪开云朵朵，白鹅拨开浪波波。

鸽乐呵呵，鹅活泼波，

白鹅白鸽碧波蓝天真快乐。

水连天

天连水，水连天，

水天一色望无边，

蓝蓝的天似绿水，

绿绿的水如蓝天。

到底是天连水，

还是水连天？

买菜

小艾和小戴，一起去买菜。

小艾把一斤菜给小戴，

小戴有比小艾多一倍的菜；

小戴把一斤菜给小艾，

小艾、小戴就有一般多的菜。

猫鼻子

白猫黑鼻子，

黑猫白鼻子；

黑猫的白鼻子，

碰破了白猫黑鼻子

白猫的黑鼻子破了

剥了秕谷壳儿补鼻子；

黑猫的白鼻子不破，

不剥秕谷壳儿补鼻子。

倒吊鸟

梁上两对倒吊鸟，

泥里两对鸟倒吊。

可怜梁上的两对倒吊鸟，

惦着泥里的两对鸟倒吊，

可怜泥里的两对鸟倒吊，

也惦着梁上的两对倒吊鸟。

兜装豆

兜里装豆，

豆装满兜，

兜破漏豆。

倒出豆，补破兜，

补好兜，又装豆，

装满兜，不漏豆。

两只鹅

河边两只鹅，

一同过了河；

白鹅去拾草，

黑鹅来搭窝。

冬天北风刮，

草窝真暖和，

住在草窝里，

哦哦唱支歌。

四个头

天上有日头，

地下有石头，

嘴里有舌头，

瓶口有塞头。

天上是日头不是石头，

地下是石头不是日头，

嘴里是舌头不是塞头，

瓶中是塞头不是舌头。

一个人

这边一个人，

挑了一挑瓶。

那边一个人，

担了一挑盆。

瓶碰烂了盆，

盆碰烂了瓶。

卖瓶买盆来赔盆，

卖盆买瓶来赔瓶。

瓶不能赔盆，

盆不能赔瓶。

一场空

抬头看，满天星，

低头看，一道坑。

坑里看，栽满葱，

葱上看，冻着冰。

屋里看，点着灯，

墙上看，钉着钉。

钉上看，挂着弓，

弓上看，卧着鹰。

寒冬天，刮大风，

刮散了，满天星。

学捏梨

盘里放着一个梨，

桌上放块橡皮泥。

小丽用泥学捏梨，

眼看着梨手捏泥，

比比，真梨、假梨差不离。

小花鼓

一面小花鼓，

鼓上画老虎。

妈妈用布来补。

到底是布补鼓，

还是布补虎。

分果果

多多和哥哥，

坐下分果果。

哥哥让多多，

多多让哥哥。

都说要小个，

外婆乐呵呵。

嘴和腿

嘴说腿，腿说嘴，

嘴说腿爱跑腿，

腿说嘴爱卖嘴。

光动嘴不动腿，

光动腿不动嘴，

不如不长腿和嘴。

瓦打马

路上跑来马，

撞上路边瓦，

瓦打坏马，

马踏碎瓦，

瓦要马赔瓦，

马要瓦赔马。

画葫芦

胡图用笔画葫芦，

葫芦画得真糊涂，

糊涂不能算葫芦，

要画葫芦不糊涂，

胡图决心不糊涂，

画出一只大葫芦。

好孩子

张家有个小英子，

王家有个小柱子。

张家的小英子，

自己穿衣洗袜子，

天天扫地擦桌子，

王家的小柱子，

捡到一只皮夹子，

还给后院大婶子。

小英子，小柱子，

他们都是好孩子。

小牛赔油

小牛放学去打球，

踢倒老刘一瓶油，

小牛回家取来油，

向老刘道歉又赔油，

老刘不要小牛还油，

小牛硬要把油还给老刘，

老刘夸小牛，

小牛直摇头，

你猜老刘让小牛还油，

还是不让小牛还油。

秃丫头

从南来了个秃丫头，

胳膊上挎着个破笆斗，

里头有堆羊骨头，

伸手拿骨头，

送在口里啃骨头。

地下有块破砖头，

绊倒了秃丫头，

撒了羊骨头。

补 裤

一块土粗布，

一条粗布裤，

哥哥屋里补布裤，

飞针走线自己做。

粗布裤上补粗布，

土粗布补粗布裤，

哥哥穿上粗布裤，

艰苦朴素牢记住。

藤绳挂风灯

藤绳挂风灯，

风更猛，

风更增，

灯碰藤绳藤碰灯。

鸟和猫

树上一只鸟，

地上一只猫。

地上的猫想咬树上的鸟，

树上的鸟想啄猫的毛。

送 花

华华有两朵红花，

红红有两朵黄花。

华华想要黄花，

红红想要红花，

华华送给红红一朵红花，

红红送给华华一朵黄花。

颠倒歌

咬牛奶，喝面包，

夹着火车上皮包。

东西街，南北走，

出门看见人咬狗。

拿起狗来打砖头，

又怕砖头咬我手。

狗与猴

树上卧只猴，

树下蹲条狗。

猴跳下来撞了狗，

狗翻起来咬住猴，

不知是猴咬狗，

还是狗咬猴。

白家伯伯

北贫坡上白家有个伯伯，

家里养着一百八十八只白鹅，

门口种着一百八十八棵白果，

树上住着一百八十八只八哥。

八哥在白果树上吃白果，

白鹅气得直叫：我饿！我饿！

白石搭

白石白又滑，

搬来白石搭白塔。

白石塔，

白石塔，

白石搭石塔，

白塔白石搭。

搭好白石塔，

白塔白又滑。

青龙洞

青龙洞中龙做梦，

青龙做梦出龙洞，

做了千年万载梦，

龙洞困龙在深洞。

自从来了新愚公，

愚公捅开青龙洞，

青龙洞中涌出龙，

龙去农田做农工。

煤和灰

东边一堆煤，

西边一堆灰。

先用车推煤，

再用车推灰。

烧煤变成灰，

煤灰来自煤。

煤堆变灰堆，

灰堆赛煤堆。

有煤就有灰，

你说对不对？

羊和狼

东边来了一只小山羊，

西边来了一只大灰狼，

一起走到小桥上，

小山羊不让大灰狼，

大灰狼不让小山羊。

小山羊叫大灰狼让小山羊，

大灰狼叫小山羊让大灰狼，

羊不让狼，狼不让羊，

扑通一起掉到河中央。

汤烫塔

老唐端蛋汤，

踏凳登宝塔，

只因凳太滑，

汤洒汤烫塔。

小道上

小王的姜撞翻老杨的缸，

老杨的缸碰倒小王的姜。

小王放下姜去扶老杨的缸，

老杨放下缸去帮小王装姜。

看豆豆

小妞妞围个圆兜兜，

牛头沟边看豆豆，

忽听沟前喊抓牛，

妞妞怕牛牛踩豆豆，

紧紧抓住牛牛不松手。

白果树

我从伯伯门前过，

看见伯爹伯妈门前种着白果树，

白果树上站着百十百个白斑鸠，

我就拣了百十百块白石头，

打那百十百个白斑鸠。

麻字谣

麻家爷爷挑着一对麻叉口，

走到麻家婆婆的家门口。

麻家婆婆的一对麻花狗，

咬破了麻家爷爷的麻叉口。

麻家婆婆拿来麻针、麻线，

来补麻家爷爷的麻叉口。

盆和瓶

桌上放个盆，

盆里有个瓶，

砰砰啪啪，

啪啪砰砰，

不知是瓶碰盆，

还是盆碰瓶。

老鼠嗅着油豆香

油一缸，豆一筐，

老鼠嗅着油豆香。

爬上缸，跳进筐，

偷油偷豆两头忙。

又高兴，又慌张，

脚一滑，身一晃，

"扑通"一声跌进缸。

造房子

捡颗小石子，

在地上画个方格子，

画好了格子造房子，

画个大方格子造个大房子，

画个小方格子造个小房子，

楼上的房子分给鸽子，

楼下的房子分给小兔子。

鹅过河

哥哥弟弟坡前坐，

坡上卧着一只鹅，

坡下流着一条河，

哥哥说：宽宽的河，

弟弟说：白白的鹅。

鹅要过河，

河要渡鹅。

不知是鹅过河，

还是河渡鹅。

画狮子

有个好孩子，

拿张图画纸，

来到石院子，

学画石狮子。

一天来画一次石狮子，

十天来画十次石狮子。

次次画石狮子，

天天画石狮子，

死狮子画成了"活狮子"。

捉壁虎

李虎捉壁虎，

本是虎捉虎，

李虎满屋转，

壁虎不敢咬李虎，

李虎也捉不住壁虎。

比　锤

炉东有个锤快锤，

炉西有个锤锤快，

两人炉前来比赛，

不知是锤快锤比锤锤快锤得快，

还是锤锤快比锤快锤锤得快。

换斑竹

斑竹林里头有干斑竹，

包谷林里头有干包谷。

潘家三虎走进包谷林，

掰了一担干包谷，

回家路过斑竹林，

换了三根干斑竹。

斗放豆

黑豆放在黑斗里，

黑斗里边放黑豆，

黑豆放黑斗，

黑斗放黑豆，

不知黑豆放黑斗，

还是黑斗放黑豆。

石榴树上结辣椒

颠倒话，话颠倒，

石榴树上结辣椒。

东西大路南北走，

碰见兔子去咬狗。

拿住狗，打砖头，

砖头咬住我的手。

碰碰车

碰碰车，车碰碰，

坐着朋朋和平平。

平平开车碰朋朋，

朋朋开车碰平平，

不知是平平碰朋朋，

还是朋朋碰平平。

小　猪

小猪扛锄头，

吭哧吭哧走。

小鸟唱枝头，

189

小猪扭头瞅，

锄头撞石头，

石头砸猪头。

小猪怨锄头，

锄头怨猪头。

捉　兔

一位爷爷他姓顾，

上街打醋又买布。

买了布，打了醋，

回头看见鹰抓兔。

放下布，搁下醋，

上前去追鹰和兔。

飞了鹰，跑了兔，

打翻醋，醋湿布。

窝和锅

树上一个窝，

树下一口锅，

窝掉下来打着锅，

窝和锅都破，

锅要窝赔锅，

窝要锅赔窝。

闹了半天，

不知该锅赔窝，

还是窝赔锅。

花鸭与彩霞

水中映着彩霞，

水面游着花鸭。

霞是五彩霞,

鸭是麻花鸭。

麻花鸭游进五彩霞,

五彩霞网住麻花鸭。

乐坏了鸭,

拍碎了霞,

分不清是鸭还是霞。

蚕和蝉

这是蚕,

那是蝉,

蚕常在叶里藏,

蝉常在林里唱。

南南有个篮篮

南南有个篮篮,篮篮装着盘盘,

盘盘放着碗碗,碗碗盛着饭饭。

南南翻了篮篮,篮篮扣了盘盘,

盘盘打了碗碗,碗碗撒了饭饭。

小三登山

三月三,小三去登山。

上山又下山,下山又上山,

登了三次山,跑了三里三,

出了一身汗,湿了三件衫,

小三山上大声喊,离天只有三尺三。

玻璃杯和白开水

玻璃杯倒进白开水,

191

白开水倒进玻璃杯。

玻璃杯倒进白开水就成了装白开水的玻璃杯。

装白开水的玻璃杯倒进白开水，

白开水倒进装白开水的玻璃杯。

小华和胖娃

小华和胖娃，两人种花又种瓜，

小华会种花不会种瓜，

胖娃会种瓜不会种花，

小华教胖娃种花，

胖娃教小华种瓜。

八十八岁公公

八十八岁公公门前有八十八棵竹，

八十八只八哥要到八十八岁公公门前的八十八棵竹上来借宿。

八十八岁公公不许八十八只八哥到八十八棵竹上来借宿，

八十八岁公公打发八十八个金弓银弹手去射杀八十八只八哥，

不许八十八只八哥到八十八岁公公门前的八十八棵竹上来借宿

教练和主力

蓝教练是女教练，

吕教练是男教练，

蓝教练不是男教练，

吕教练不是女教练。

蓝南是男篮主力，

吕楠是女篮主力，

吕教练在男篮训练蓝南，

蓝教练在女篮训练吕楠。

石小四和史肖石

石小四，史肖石，一同来到阅览室。

石小四年十四，史肖石年四十。

年十四的石小四爱看诗词，

年四十的史肖石爱看报纸。

年四十的史肖石发现了好诗词，

忙递给年十四的石小四，

年十四的石小四见了好报纸，

忙递给年四十的史肖石。

牛驮油

九十九头牛，

驮着九十九个篓。

每篓装着九十九斤油。

牛背油篓扭着走，

油篓磨坏篓漏油，

九十九斤一个篓，

还剩六十六斤油。

你说漏了几十几斤油？

任命和人名

任命是任命，

人名是人名，

任命人名不能错，

错了人名错任命。

六叔和六舅

好六叔和好六舅，

借给六斗六升绿绿豆。

打罢秋，接住豆，

再还六叔六舅六斗六升绿绿豆。

王婆夸瓜又夸花

王婆卖瓜又卖花，

一边卖来一边夸。

又夸花，又夸瓜，

夸瓜大，大夸花，

瓜大，花好，笑哈哈。

九个酒迷喝醉酒

九月九，九个酒迷喝醉酒，

九个酒杯九杯酒，九个酒迷喝九口。

喝罢九口酒，又倒九杯酒，

九个酒迷端起酒，"咕咚、咕咚"又九口，

九杯酒，酒九口，喝罢九个酒迷醉了酒。

胡苏夫和吴夫苏

胡庄有个胡苏夫，

吴庄有个吴夫苏。

胡庄的胡苏夫爱读诗书，

吴庄的吴夫苏爱读古书，

胡苏夫的书屋摆满了诗书，

吴夫苏的书屋放满了古书。

小秋和小牛

小姐姐，叫小秋，梳着两个小抓鬏，

小胖胖，叫小牛，穿着一个小兜兜。

小秋帮着小牛记扣扣，

小牛帮小秋剥豆豆，

小秋、小牛手拉手，

一块儿玩，一块儿走。

数狮子

公园有四排石狮子，

每排是十四只大石狮子。

每只大石狮子背上是一只小石狮子，

每只大石狮子脚边是四只小石狮子，

史老师领四十四个学生去数石狮子，

你说共数出多少只大石狮子和多少只小石狮子？

酒换油

一葫芦酒九两六，

一葫芦油六两九。

六两九的油，

要换九两六的酒，

九两六的酒，

不换六两九的油。

多少罐

一个半罐是半罐，

两个半罐是一罐。

三个半罐是一罐半，

四个半罐是两罐。

五个半罐是两罐半，

六个半罐是三满罐。

七个、八个、九个半罐，

请你算算是多少罐。

两个排

营房里出来两个排，

直奔正北菜园来，

一排浇菠菜，二排砍白菜。

剩下八百八十八棵大白菜没有掰。

一排浇完了菠菜，

又把八百八十八棵大白菜掰下来。

二排砍完白菜，

把一排掰下来的八百八十八棵大白菜背回来。

补皮裤

出西门走七步，

扒鸡皮补皮裤，

不知是皮裤补鸡皮，

还是鸡皮补皮裤？

蜂和蜜

蜜蜂酿蜂蜜，

蜂蜜养蜜蜂。

蜜养蜜蜂蜂酿蜜，

蜂酿蜂蜜蜜养蜂。

小毛与花猫

小毛抱着花猫，花猫用爪抓小毛，

小毛用手拍花猫，花猫抓破了小毛，

小毛打疼了花猫，小毛哭，花猫叫，

小毛松开了花猫，花猫跑离了小毛。

小花猫

小花猫爱画画，先画一朵腊梅花，

又画一个小喇叭，带着腊梅花，

吹着小喇叭，回家去见妈妈，

妈妈见了笑哈哈。

铜勺铁勺舀油

铜勺舀热油，铁勺舀凉油。

铜勺舀了热油舀凉油，

铁勺舀了凉油舀热油。

一勺热油一勺凉油，

热油凉油都是油。

八座屋

八只小白兔，

住在八棱八角八座屋。

八个小孩要逮八只小白兔，

吓得小白兔，

不敢再住八棱八角八座屋。

四和十

四和十，十和四，十四和四十，四十和十四。

说好四和十得靠舌头和牙齿，

谁说四十是细席，

他的舌头没用力。

谁说十四是适时，

他的舌头没伸直。认真学，常练习，

十四、四十、四十四。

197

黄狗咬我手

清早上街走，走到周家大门口，

门里跳出一只大黄狗，

朝我哇啦哇啦吼。

我拾起石头打黄狗，

黄狗跳上来就咬我的手。

也不知我手里的石头

打没打着周家的大黄狗，

周家的大黄狗咬没咬着我的手？

藤萝花和喇叭花

华华园里有一株藤萝花，

佳佳园里有一株喇叭花。

佳佳的喇叭花，

绕住了华华的藤萝花，

华华的藤萝花，

缠住了佳佳的喇叭花。

也不知道是藤萝花先绕住了喇叭花，

还是喇叭花先缠住了藤萝花。

花青蛙

花青蛙，叫呱呱，

西瓜地里看西瓜，

西瓜夸青蛙背背花，

青蛙夸西瓜长得大。

蒜拌面

蒜拌面，面拌蒜，

吃蒜拌面算蒜瓣。

面拌蒜，蒜拌面，

算吃蒜瓣面拌蒜。

白庙、白猫、白帽

山顶有座白庙，

白庙里有只白猫。

白庙外有顶白帽，

白猫看见了白帽，

叼着白帽跑进了白庙。

乌鸦说黑猪黑

乌鸦站在黑猪背上说黑猪黑，

黑猪说乌鸦比黑猪还要黑，

乌鸦说它身比黑猪黑嘴不黑，

黑猪听罢笑得嘿嘿嘿嘿。

三娘放羊

三娘在山上放三只山羊，

三只山羊翻过山梁，

三娘翻过山梁去找三只山羊。

三只山羊躲在杉树旁，

三娘找到三只山羊。